M. DE LAMARTINE

APPRÉCIÉ COMME HOMME POLITIQUE.

LETTRE ADRESSÉE AU DÉPUTÉ DE MACON

PAR

LE DOCTEUR BARRACHIN,

AVEC

TROIS AUTOGRAPHES **FAC SIMILE**

DE

MM. DE LAMARTINE, ODILON BARROT
ET DE LA ROCHEJAQUELEIN,

RELATIFS

À LA CAUSE DE L'ÉMANCIPATION DE L'ORIENT.

2e ÉDITION

AUGMENTÉE D'UNE RÉFUTATION DU MANIFESTE
DE L'ILLUSTRE POËTE,

SUR LES MARIAGES ESPAGNOLS.

---

1 Franc au profit de l'œuvre
et pour aider aux autres publications qui doivent suivre.

PARIS.

CHEZ L'AUTEUR, RUE NEUVE-ST-AUGUSTIN, 9.

NOVEMBRE 1846.

Je dédie cet Écrit

A MES AMIS,

A MES CONFRÈRES,

Aux vrais amis de l'humanité, et sollicite, pour ma cause, l'appui de leurs sentimens généreux.

Dr BARRACHIN.

Cet hiver, M. de Lamartine a lancé, de Mâcon, contre toutes les catégories politiques de Paris, et particulièrement contre les oppositions, un manifeste dans lequel il les a toutes jugées à sa manière.

Le COURRIER FRANÇAIS est le journal qui a fait la meilleure critique de ce factum. Il a simplement supprimé tout le corps de l'écrit et s'est borné à en rapprocher le commencement et la fin, qui s'opposaient l'un et l'autre d'une manière si extraordinaire, qu'il est impossible de comprendre comment un homme de sens peut ainsi se contredire dans un espace de quelques colonnes d'un journal.

J'adresse, à mon tour aujourd'hui, à M. le député de Mâcon, un manifeste qu'a motivé sa conduite avec moi relativement aux affaires d'Orient. Le public jugera si ce que j'ai dit sur M. de Lamartine est juste et mérité : je le crois, moi, en âme et conscience.

Dr BARRACHIN.

Monsieur

Je prends le même intérêt que vous à la grande cause de l'émancipation de l'orient par l'Europe et en particulier par la France, mais quelque touché de la force et de l'obligeance des motifs que vous m'exposez pour accepter la présidence d'un Comité qui se rapporte à une question étrangère, je crois cette qualité incompatible avec celle de député.

Agréez Monsieur l'assurance de ma haute considération.

Lamartine

Mâcon 29 août 1846

Comme tout le monde pourrait ne pas lire l'écriture de M. de Lamartine, voici ce qu'elle contient :

MONSIEUR,

Je prends le même intérêt que vous à la grande cause de l'émancipation de l'Orient par l'Europe, et en particulier par la France; mais quelles que soient la force et l'obligeance des motifs que vous me présentez pour accepter la présidence d'un comité qui se réfère à une question étrangère, je crois cette qualité incompatible avec celle de député.

Recevez, Monsieur, l'assurance entière de ma haute considération,

LAMARTINE.

Mâcon le 29 août 1846.

A M. DE LAMARTINE,

DÉPUTÉ,

ORATEUR DES QUESTIONS ORIENTALES

MONSIEUR,

J'ai reçu votre très laconique et presque illisible lettre. Si votre réponse n'avait contenu qu'un refus pur et simple, sans allégation de motifs, je l'aurais acceptée sans réclamation : chacun est parfaitement libre de ses actions; et, *quoique député*, j'en ai l'intime conviction, cette liberté vous est acquise comme à tout le monde. Mais puisque, pour justifier ou expliquer votre résolution, vous établissez en principe que la *qualité de député est incompatible avec celle de membre ou de président d'un comité qui a pour objet le triomphe d'une des plus grandes questions humanitaires, religieuses, politiques, civilisatrices, européennes et nationales de ce siècle*, moi, qui suis d'un avis absolument opposé au vôtre, ne fût-ce que pour vous empêcher de croire que j'aie pu accepter une pareille idée, je me considère comme obligé de vous déclarer que je la trouve essentiellement fausse et positivement contraire au vrai principe de l'indépendance que doit avoir tout député qui n'est pas fonctionnaire ou qui n'aspire pas à le devenir, et qui ne veut pas subordonner ses convictions à ses intérêts personnels; car là seulement, Monsieur, est l'incompatibilité réelle, et ce n'est que par une aberration déplorable, par une perversion de l'esprit public à l'endroit de nos institutions constitutionnelles et de notre gouvernement représentatif, que l'on peut voir des gens se contrôler eux-mêmes et se voter des budgets. Où est alors, je vous le demande, la représentation nationale dans cette manière de faire?... Le temps et le bon sens public feront certainement justice de cet abus, ou tout au moins le restreindront dans des proportions qui ne soient pas un contraste choquant avec nos institutions, et une application dérisoire de notre pacte fondamental. Mais dire qu'il est incompatible de s'occuper, en dehors des chambres, de questions humanitaires, religieuses, politiques, civilisatrices, que les députés devraient, au contraire, selon moi, se considérer comme obligés de faire entrer dans le parlement avec eux, *par la force de l'opinion publique*, c'est là, Monsieur, permettez-moi de vous le dire, avancer un paradoxe insoutenable et vouloir consacrer une hérésie parlementaire et politique commode pour soi peut être, peut-être utile aussi à ses vues personnelles, mais que le bon sens public, qui n'est pas encore si facile à pervertir, n'admettra jamais.

Car, à votre compte, Monsieur, que deviendraient les *abolitionistes*, les *protectionistes* partisans de la ligue commerciale? que seraient devenus les membres de la société *Aide-toi, le ciel t'aidera* qui a préparé l'événement de juillet? que deviendraient les membres de tant d'autres associations qui ont au contraire pour mission d'élaborer préalablement les grandes questions dont elles s'occupent ; de préparer l'esprit public à leur admission avant de les faire entrer dans le parlement, où elles reçoivent alors la consécration législative.

Je crois, Monsieur, avoir d'ailleurs, par prévision, déjà assez péremptoirement combattu, dans ma précédente lettre, l'étrange doctrine que vous soutenez, pour me dispenser de tout nouveaux raisonnemens à ce sujet, et me borner à cette nouvelle protestation que provoque l'itératif refus que vous me faites « malgré la force des » motifs que je vous ai présentés ! »

Je vais maintenant vous exprimer les idées que votre lettre m'a suggérées : et tout d'abord, je citerai le commencement, où vous me dites : « Que vous prenez le » même intérêt que moi à *la grande cause de l'émanci-* » *pation de l'Orient* par l'Europe, et en particulier par » la France. »

Un mot donc à ce sujet : j'étais membre du *Conseil d'utilité publique* près la *Sublime-Porte* (comme on dit encore), conseiller de la légation ottomane de Paris, avec 1,800 fr. d'appointemens par mois (il n'y a personne qui ignore cela), un bel appartement complet, la table de l'ambassadeur et les immunités attachées à cette position, et cependant, quand il a fallu opter entre tous ces avantages et le rôle pénible et ruineux d'apôtre de cette grande cause à laquelle vous portez le même intérêt que moi, je n'ai pas hésité ; et Dieu merci, depuis cinq ans, j'ai montré assez de persévérance, à ce sujet, pour justifier les sentimens que j'ai manifestés !.. Je ne sache pas que vous lui ayez fait, sous aucun rapport, des sacrifices de cette nature; et si on juge de l'intérêt que l'on porte à une cause, par les actes qu'on lui consacre, il me semble qu'il y a une bien grande différence entre nous deux, puisque vous n'osez même pas lui sacrifier une chimère!.. Sans doute, vous avez fait un voyage princier en Orient! Mais je crois avoir..... oui, oui, j'ai réellement une lettre que vous m'avez fait l'honneur de m'écrire en **1841**, pour refuser un abonnement à la *Revue Orientale,* que je fondais alors pour soutenir cette œuvre à laquelle vous dites « que vous » portez le même intérêt que moi, » et cela, « parce » que vous étiez trop pauvre pour vous abonner à toutes les publications; » vous m'avez même *directement* refusé aussi, depuis, *votre souscription philanthropique* D'UN SOU PAR JOUR, pour la nouvelle association dont vous dites, plus bas, que vous désirez le succès. M. de Châteaubriand, lui, s'est inscrit tout le premier! Il me semble que la *Revue Orientale,* qui concernait la grande cause de L'ÉMANCIPATION DES CHRÉTIENS, méritait bien une petite préférence de votre part, et que ce n'était pas vous rendre bien plus pauvre que de consacrer à cette œuvre la valeur d'une cigarette par jour : *ce que je demande à tout le monde.*

Cependant, en **1841**, vous m'aviez écrit, à l'occasion d'une nouvelle publication que je vous avais envoyée :

« Personne n'éprouve une sympathie plus réelle que » moi pour les chrétiens d'Orient; personne ne désire » plus vivement voir mettre un terme à leurs souffran- » ces; c'est vous dire, Monsieur, avec quel intérêt j'ai » lu la brochure remarquable jointe à votre lettre, et

» combien *je désire le succès de votre nouvelle associa-*
» *tion*, et, cependant, je ne saurais accepter l'honora-
» ble présidence que vous avez eu la bonté de m'offrir.
» Mes raisons sont fort simples ; je veux conserver en
» tout et sur tout une liberté entière d'action. » Vous avez ajouté : « Ma position politique actuelle nuirait,
» d'ailleurs, à la cause que vous servez, plus qu'elle ne
» lui serait utile ! » — J'avoue que je n'ai rien compris à l'application de cette dernière phrase ; je ne chercherai même pas à en comprendre davantage le sens aujourd'hui, parce que cela me paraît, en effet, inutile à ma cause ; mais je m'attacherai à ces quelques mots : « Je veux conserver en tout et sur tout une liberté en-
» tière d'action. » Puisque cette idée paraît encore vous dominer aujourd'hui ; eh bien ! sachez-le donc, Monsieur, c'est là précisément votre plus grand tort, je vous l'ai dit il y a quatre ans ; je vous l'ai répété depuis, et je vous le renouvelle dans ce moment : parce que personne ne s'attachera à vous ; vous serez toujours seul, et seul on ne fait jamais rien. Car qui voulez-vous qui vous suive dans toutes vos transformations, dans toutes les phases de vos pérégrinations politiques ? Comment voulez-vous, en effet, que l'on s'aligne sur une plume qui vole dans l'air, ou sur un homme qui court à travers la campagne ?.. Comment voulez-vous qu'on se lie à celui qui ne représente rien, que lui-même ? Je vous l'ai dit il y a quatre ans, ayez une doctrine, un principe intelligible, vous pourrez devenir un centre ; mais votre individualité seule, sans un programme quelconque, quelque considérable qu'elle soit, ne ralliera personne. Vous avez vu ce qui vous est arrivé, et aujour-

d'hui, je vous le dis avec une pleine et entière sincérité, s'il pouvait y avoir, comme vous le prétendez, ce qui me paraît insoutenable, incompatibilité entre la qualité de député et celle de membre ou de président du comité *qui doit appeler à lui les sympathies de toute l'Europe pour la consécration de* L'ÉMANCIPATION DES CHRÉTIENS D'ORIENT, vous auriez dû ne pas hésiter un instant à sacrifier la députation pour l'œuvre; car là seulement vous pouviez acquérir une nouvelle célébrité que vous chercherez en vain au pouvoir, qui ne vous l'accordera jamais. Mais cela n'est pas juste, la députation n'est pas du tout incompatible avec l'association philanthropique dont nous parlons, et je crois que vous deviez, au contraire, faire servir la première à la seconde, qui devrait être, pour vous, la plus grande affaire à laquelle vous puissiez consacrer vos talens de poète, d'écrivain et d'orateur.

Mais ces qualités, que personne ne vous conteste, vous les dédaignez, vous !... Votre passion est d'être un grand homme politique, un homme d'État enfin, qualité, au contraire, que tout le monde vous dénie, sans exception; et pour prouver vos prétentions à ce sujet, vous ne formulez aucun principe qui donne des garanties aux intérêts : « Vous voulez conserver en tout et » sur tout une liberté entière d'action! » — Parce que votre but unique, qui crève les yeux à tout le monde, c'est le ministère!... Vous voulez être ministre, voilà le mot!... Eh bien! sachez-le donc encore, c'est là votre plus fatale chimère; vous ne persuaderez personne, personne, que vous y arriverez par la conduite que vous tenez. En effet, où êtes-vous considéré comme polititique, comme homme d'État ?... Nulle part !... A la Chambre, quand vous parlez, on vous l'a dit de tous les côtés, et aujourd'hui l'opinion publique est *faite, arrêtée* à ce sujet, c'est le poète, l'écrivain, l'orateur, l'*artiste* enfin que l'on écoute, mais jamais l'homme politique. On ne pense même pas à prendre au sérieux ce que vous dites. Et c'est encore ainsi que dans le monde on lit vos discours quand ils sont reproduits par les journaux. Comment, en effet, en serait-il autrement ?.. quand vous-même négligez *en tout et sur tout* toute action qui pourrait donner une valeur à vos paroles dont l'harmonie seule paraît vous occuper, comme si vous aviez du plaisir à vous entendre parler.

Si vous étiez, en effet, un homme politique comme vous êtes poète, écrivain et orateur, après tout ce que vous avez écrit et dit sur les questions orientales, est-ce que vous ne verriez pas que la reconstitution de la Turquie, que l'émancipation des Rayas doivent devenir, dans un temps prochain, le pivot de toute la politique européenne pour l'établissement d'un *équilibre oriental* qui s'harmonise avec *notre équilibre européen* ?... Puisque vous voulez être ministre, est-ce qu'il ne serait pas plus grand, plus noble, plus glorieux pour vous d'arriver au ministère pour assurer et consacrer le triomphe d'une cause que vous auriez préalablement servie comme philanthrope et fait entrer dans le parlement comme député ? Tant que vous resterez dans le vague où vous êtes ; tant que vous voudrez conserver en tout et sur tout votre liberté entière d'action, sans présenter rien d'appréciable qui soit meilleur que ce que l'on fait, on n'a aucun motif de vous préférer aux autres, qui, depuis long-temps, ont donné leurs preuves, et vous courez la chance de tourner toujours autour du mât de cocagne ministériel sans jamais même être admis à y monter. Et ce qu'il y a d'étrange en vous, c'est qu'après avoir conseillé aux autres d'être unis, vous pensiez, vous, pouvoir arriver sans avoir personne avec vous.

Mais enfin, puisque vous avez la prétention évidente, manifeste, d'être un homme politique, c'est donc l'homme politique qu'il faut examiner !... Voyons :

Vous étiez légitimiste !... Vous avez vu que la légitimité n'avait pas grand avenir en France, surtout depuis que les fortifications de Paris ont prouvé qu'il faudrait au moins deux millions d'hommes sacrifiés sans succès pour tenter de rétablir Henri V. Il n'y avait pas une grande portée dans cette appréciation, elle était au niveau de toutes les intelligences. Cependant, vous vouliez faire de la politique, courir la candidature ministérielle !... Pour cela, vous vous êtes fait nommer député. Arrivé à la chambre, on vous attendait à vos débuts oratoires. Votre premier discours, je me le rappelle comme si je l'avais lu hier, a révélé tout de suite vos intentions, vos vues, comme si vous les aviez avouées à tout le monde : première faute d'un homme politique !... Vous avez tout blâmé... mais vous avez fait l'éloge du roi, *de celui qui fait les ministres !* Non, certes, que je veuille dire que le roi ne mérite pas les éloges de tout le monde, ce n'est pas là le point que j'examine; mais je dis que vous avez fait une faute comme homme politique en laissant connaître tout de suite votre pensée intime ; et comme député, vous avez commis un acte d'hérésie parlementaire, parce que le roi doit rester étranger aux débats des chambres, aussi bien pour l'éloge que pour le blâme. C'est du gouvernement du roi seul qu'il peut être question, et pour moi, je vous le dis avec franchise et sincérité, je n'ai vu dans votre discours qu'une flatterie de courtisan, d'autant plus pitoyable que vous saviez que personne ne pouvait vous contredire. Chacun est maître de ses opinions, voilà la mienne !

Ensuite, vous avez été trouver les conservateurs. Vous avez cru que vos talens allaient vous donner sur eux des avantages qui les forceraient à vous adopter comme leur chef, que vous les domineriez enfin : seconde erreur très grave pour un homme politique ! Ces conservateurs acceptent des dévoûmens, mais ne sont dominés que par leurs idées et leurs intérêts propres, et par celui qui les satisfait.

Après vous être vainement agité parmi eux pour arriver au but que vous aviez en vue, découragé par leur résistance, vous les avez quittés en leur jetant au nez l'épithète de BORNES ! Le mot pouvait être heureux, mais deviez-vous le leur adresser? Tels sont les avantages et les dangers des imaginations poétiques, de trouver de bons mots et de sacrifier étourdiment une situation pour en produire un.

Vous vous êtes alors dirigé vers le *tiers-parti*, soit centre-gauche et gauche parlementaire, et aussitôt vous vous êtes abandonné, à l'égard de M. Thiers, et par cela seul qu'il occupait dans ce parti une place que vous convoitiez, à une exécration exagérée, souvent très ridicule, quelquefois même burlesque. Mais vous aviez affaire là à un homme autrement tacticien que vous en politique ; à un homme qui n'est pas aussi poétique

que vous à la tribune, mais qui est beaucoup plus logique ; qui cherche moins la rondeur, l'harmonie des phrases, mais beaucoup plus la justesse et la force des raisonnemens. Et, d'ailleurs, M. Thiers a un programme, lui, *une opposition au gouvernement personnel*, et qu'il rend par ces mots : « LE ROI RÈGNE ET NE GOUVERNE PAS. Il y a une idée là dedans, une idée qui peut triompher un jour ! Et vous, qu'avez-vous offert à ses partisans pour les engager à le quitter et à vous adopter ?... rien autre chose que votre individualité, avec tout son vague, ses incertitudes et ses prétentions. Croire vous les attacher dans cette condition, c'était là, pour un homme politique, une troisième faute qui serait inconcevable, si les deux premières n'y avaient pas déjà préparé les esprits.

Ayant donc complètement échoué auprès des amis de M. Thiers, vous avez tenté de vous approcher de M. Odilon Barrot, de la gauche parlementaire, comme on l'appelle ; mais vous y êtes arrivé trop tard ; vous y êtes arrivé quand elle venait de faire sa jonction avec le centre gauche sous la dénomination de THIERS-BARROT : quatrième manque de justesse dans l'appréciation des choses, très grave pour un homme politique, puisque vous avez été là réellement vous fourvoyer en pure perte ; ce qui prouve seulement ceci : que votre individualité était sans force, sans puissance vis-à-vis de celle de M. Thiers.

Il ne vous restait plus, dans la chambre, que le parti républicain. Mais les gens qui se trouvent dans ce parti ne sont pas faciles à manier, ceux-là. Ce sont des hommes précis, qui vous disent nettement ce qu'ils veulent, et qui ne se laissent pas séduire par de belles paroles. Avec eux il faut arriver au *fait*, prendre des engagemens, accepter catégoriquement la lutte de principe, et ce n'est pas le vôtre. C'eût été, dans votre esprit, vous rendre le ministère absolument impossible, et c'est au ministère que vous visez par dessus tout. Vous ne vous êtes donc pas lié avec les républicains, qui d'ailleurs ont leurs chefs, et qui ne vous auraient pas admis parmi eux sans garantie, sans vous forcer à vous lier *en tout et sur tout* !...

Ainsi, après avoir parcouru, comme un météore, toutes les régions parlementaires, sans être admis, adopté nulle part, et ne laissant partout que le souvenir d'une prétention exagérée, d'une faute ou d'une inconséquence; ne trouvant plus, à Paris, un seul journal qui voulût, non plus accepter votre patronage, mais vous patroner vous-même, ce qui était une preuve de la perte immense que vous aviez faite du crédit que vous aviez précédemment, vous avez été obligé de rester dans votre isolement, et de vous retirer, comme Achille, sous votre tente, à Mâcon, où vous avez fulminé contre tout le monde une attaque qui a eu l'inconvénient inconcevable d'être d'une incohérence modèle; de s'opposer à elle-même par un contraste choquant dans son commencement et dans sa fin : puisque d'abord vous reprochiez à l'opposition *d'être un parti*, et qu'ensuite vous lui recommandiez *d'être un parti* !... Elle avait tort d'être un parti avec messieurs tels et tels, mais elle devait être un parti avec vous ; voilà ce que vous avez voulu dire. Je suis peut-être le seul qui vous aie deviné.

Les imaginations poétiques sont sujettes à ces aberrations qui prouvent leur inaptitude à une direction sérieuse, méthodique des affaires. Ainsi, vous vous ruinez dans un voyage princier en Orient, pour donner aux chrétiens de ces contrées une grande idée de votre personne, ensuite vous refusez de vous attacher à l'œuvre de leur émancipation, d'y participer par une action personnelle quelconque, et même d'y contribuer par une souscription de la plus minime valeur par jour !..... N'est-ce pas là une des plus déplorables incohérences dont on puisse se faire une idée. Cependant toutes vos actions sont pour ainsi dire toujours opposées les unes aux autres. Vous dites dans vos publications que « si la France » était sage, elle s'apprêterait à recueillir sa part de la » succession de l'empire ottoman, » et puis vous ne voulez rien faire pour que cela soit. Dans votre dernier discours, vous attaquez le ministère à cause de sa conduite en Syrie, « vous protestez au nom de la France, » au nom de l'humanité, au nom de tous les cœurs gé- » néreux en faveur des chrétiens de ces contrées, » et puis, ensuite, vous refusez de prendre part à une œuvre qui doit avoir pour résultat d'assurer à jamais leur tranquillité. Aux instances que l'on fait auprès de vous, pour vous décider à prendre une part morale à cette entreprise, vous répondez avec majesté : « JE SUIS HOMME DE PARLEMENT !... c'est à dire que vous faites de la philanthropie en parole, jamais en action, pas même pour la valeur d'un sou par jour, et cependant il s'agit d'une œuvre à laquelle vous dites que « *vous prenez le même intérêt que moi !* » Que moi !... qui lui ai tout sacrifié ! Est-ce que ce n'est pas un peu dérisoire ou ridicule de tenir un pareil langage, Monsieur ?

Cependant, la question d'Orient était la seule qui vous restait, après toutes vos pérégrinations parlementaires, où vous aviez réellement tous les avantages possibles pour vous poser comme homme politique. Vous ne rencontriez là que des gens prêts à vous accueillir ; à vous adopter comme leur président ; à vous offrir le concours de leur dévoûment ; vous trouviez là, pour ainsi dire, la récompense morale, le prix de vos précédens travaux ; et, dans un plan bien combiné, dans un programme serré, complet, qui devait vous garantir de vos écarts ordinaires, vous trouviez la consécration de vos propres idées ; partout, en Europe, une opinion publique favorable, qui ne demande qu'à se manifester aussitôt qu'on lui fera appel, parce que cette cause sert les intérêts de tous les gouvernemens, de toutes les nations *européennes* et *orientales*, dans une concorde générale ; enfin, vous pouviez là présider à l'accomplissement de la plus grande œuvre *humanitaire, religieuse, politique, civilisatrice* et *nationale* de ce siècle :

HUMANITAIRE, puisqu'il s'agit de faire rendre à dix millions d'hommes des droits déniés ou méconnus ;

RELIGIEUSE, puisqu'il s'agit d'affranchir la religion chrétienne et d'en rendre l'accès libre à tout le monde ;

POLITIQUE, puisqu'il s'agit de constituer, dans ces contrées, un équilibre qui s'harmonise avec notre équilibre européen et assure ainsi le maintien de la paix partout ;

CIVILISATRICE, puisqu'il s'agit, comme vous l'avez dit, « de reporter, » par l'adoption de nos quatre principes, « la civilisation moderne aux lieux-mêmes d'où nous est » venue la civilisation antique ; »

NATIONALE, enfin, puisque c'était de la France que

devait partir cet appel à tous les cœurs généreux, et ce mouvement régénérateur auquel vous étiez invité à prendre part.

Mais vous n'avez rien vu de tout cela dans cette circonstance ; aveuglé par votre passion du ministère, au lieu de considérer s'il ne serait pas plus grand, plus noble, plus glorieux pour vous, d'y arriver pour consacrer le triomphe de cette belle entreprise, après l'avoir fait entrer dans le parlement par la force de l'opinion publique européenne, vous n'avez vu qu'une seule chose dans cette affaire, c'est que la participation que vous lui accorderiez pourrait vous éloigner pour le moment de la candidature ministérielle à laquelle vous tenez par dessus tout, quoiqu'elle soit certainement plus que problématique pour vous. Car, quels avantages apporterez-vous au gouvernement pour qu'il vous préfère à d'autres ?... Le concours de votre parti ?... Mais vous êtes seul !... Avez-vous des plans supérieurs, des combinaisons préférables à lui offrir ?... Personne ne les connaît !... Êtes-vous un homme régulier, méthodique, un grand administrateur fécond en expédiens utiles, partant d'un état de choses signalé par vous comme mauvais, et marchant avec énergie, ordre et persévérance, à un état de choses reconnu et démontré par vous comme meilleur ?... Êtes-vous, enfin, un homme qui puisse dominer une situation et faire face à tout ?... Vous êtes, au contraire, à chaque instant, en contradiction avec vous-même, non pas seulement dans des actes éloignés, mais aussi dans un même écrit de quelques colonnes de journal ; et jusqu'à présent rien n'indique que vous ayez le courage pratique de vos opinions. Les phases par lesquelles vous avez passé dans votre carrière parlementaire, prouvent tout le contraire, à moins que vous soyez passé partout sans opinion arrêtée et seulement pour chercher un emploi : alternative à laquelle il vous est impossible de vous soustraire. Au moins c'est ainsi que je le considère, moi, qui suis d'une logique presque mécanique dans ce que j'écris ou dans ce que je fais. Êtes-vous un homme d'une lutte incessante, acharnée; un homme que l'on trouve constamment sur le terrain ; incommode par sa puissance, par sa force oratoire, par conséquent dont on désire se débarrasser comme adversaire en l'admettant avec soi?... Pas du tout!... Vous avez des intervalles immenses d'inaction parlementaire; et quand vous montez à la tribune, deux ou trois fois par session au plus, c'est pour prononcer un beau discours ; pour donner une représentation oratoire que l'on écoute *sans préoccupation*, et que l'on oublie aussitôt qu'elle est terminée, parce qu'elle n'est jamais suivie d'une action qui en soit l'application : le poète a parlé, l'auditoire se disperse et tout est fini ; il ne vous reste, à vous-même, rien de ce que vous avez dit. En agissant ainsi, quelle garantie donnez-vous de la rectitude de vos idées dans une action ministérielle, vive, incessante, toujours complexe?... A mon avis, évidemment aucune : je trouve même que vous justifiez parfaitement cette opinion si généralement accréditée, qu'on ne peut rien attendre de conséquent des poètes de votre genre surtout, vaporeux comme vous; qu'ils ne sont jamais propres aux affaires, et que tous échouent dans l'action.

Cela est facile à concevoir, pour nous, physiologistes,

phrénologues, puisque nous trouvons que ce sont des facultés qui s'opposent, et je suis convaincu que vous ne seriez pas six mois au ministère sans y rendre votre maintien impossible par les fautes que vous y feriez. L'expérience est là qui le prouve, puisque, depuis que vous êtes entré à la chambre, chaque pas que vous avez fait a été marqué par une faute, par une incohérence, ou tout au moins par une inconséquence d'action.

Malgré tout cela, admettons que vous soyiez enfin satisfait, que vous arriviez au ministère, et que vous vous y mainteniez quelque temps, ce qui me paraît impossible, je ne puis pas penser autrement; comment serez-vous ministre?... comme tous les autres!... Alors on n'a pas de motif de vous préférer pour cela!... Avez-vous la pensée d'y dominer celui qui domine tous les ministres depuis 1830? Ce serait de votre part une prétention tellement exagérée, qu'elle serait presque insensée; car, comment y arriveriez-vous, puisque vous n'avez ni principe, ni plan, ni système, ni programme supérieur à opposer à ce qui existe?... Poétiserez-vous le gouvernement, ses intérêts matériels?... Dieu nous en préserve, car c'est bien alors qu'il y aurait confusion partout. Dominerez-vous par votre talent oratoire?..... Mais si votre parole est harmonieuse à l'oreille, dans un discours de tribune, elle est sans effet sur l'esprit, parce qu'elle est toujours vague, nébuleuse ou fantastique; et, croyez-le bien, il y a dans le conseil des hommes, et il y en aura toujours de cette nature, qui savent mieux, infiniment mieux parler affaires que vous, et surtout plus long-temps; qui sont plus fermes que vous dans la discussion, surtout aussi plus logiques.

Croiriez-vous, par exemple, pouvoir lutter avec M. Thiers, *votre cauchemar*, dans l'exposé ou la discussion d'une question pratique ? avec M. Thiers, qui parle aussi longtemps qu'il veut et comme s'il lisait un traité didactique sur la question !... sur toutes les questions !...

J'ai eu l'honneur de vous entretenir, dans quatre ou cinq circonstances, et je vous avoue que je n'ai pas été émerveillé. Je vous ai vu chaque fois répondre par *des impatiences* aux argumens auxquels vous ne trouviez pas de réplique : cela peut s'admettre, sans doute, de la part d'un poète, qui vit dans des idéalités au dessus du vulgaire, mais cela ne convient certainement pas aux gens des affaires gouvernementales surtout. Ainsi, voici ma conviction pleine et entière ; je vous le dis sincèrement : si tous vos efforts pouvaient, par impossible, être couronnés de succès, vous ne feriez jamais au ministère qu'une très courte apparition, juste le temps qu'il faudrait pour vous y décréditer absolument; ensuite le retour vous en serait fermé à jamais. Si vous saviez vous apprécier vous-même, jamais vous ne tenteriez d'y arriver, et, si vous êtes sage, vous profiterez de cet avis.

Tout ce que vous pourriez faire de mieux pour vous, puisque tant est que vous ayez réellement envie des hautes fonctions publiques, ce serait de tâcher d'obtenir une ambassade, parce que là vous subiriez une direction préservatrice de vos écarts, et, avec vos talens, vous seriez un ambassadeur très distingué, très honorable pour le pays. Pour cela, il faudrait vous rapprocher du ministère ou d'un parti qui aurait chance d'y parvenir ; car tant que vous serez seul, vous n'en avez aucune. En effet, pourquoi le ministère en exercice ou le ministère en expectative mécontenterait-il ses créatures pour vous? Vous pouvez être un homme d'une opposition personnelle pour lui, mais jamais un embarras, puisque vous êtes seul et ne représentez rien, ni principe, ni plan, ni système, ni programme, que votre individualité très isolée dans le parlement et dans le pays.

Je reviens donc à ceci : que la question d'Orient; que l'émancipation des Rayas; que la reconstitution de la Turquie sous une dénomination nouvelle; que l'établissement d'un équilibre oriental qui rendrait l'existence à quatorze nationalités et assurerait ainsi le maintien de la paix générale, étaient la seule cause à laquelle vous pouviez utilement vous consacrer; parce qu'elle devait être, pour vous-même particulièrement, sous le rapport du caractère d'homme politique que vous ambitionnez, le principe d'une honorable célébrité; car, je vous le demande, quel mérite y a-t-il à faire ce que tous les autres ont fait? Est-ce le propre du génie de suivre les vieux erremens que le temps a usés? N'est-il pas plus glorieux d'être soi-même l'homme d'une création, surtout quand il est évident qu'elle est favorable à tous les intérêts humanitaires, religieux, politiques, civilisateurs et nationaux!..... en devenant le protecteur, le promoteur même de cette entreprise; en la faisant entrer dans le parlement *par la force de l'opinion publique;* en la soutenant là de toute la puissance de vos talens de poète, d'écrivain et d'orateur; en amenant aussi par ces moyens les gouvernemens à l'adopter, ce qui est immanquable, parce que eux-mêmes y ont intérêt pour leur conservation propre : n'aviez-vous pas là un rôle plus noble à jouer que celui que vous pouvez prendre dans une lutte de partis où vous ne serez jamais fort, parce que vous ne savez pas combattre, et parce que vous arrivez sans principe, sans plan, sans système, sans programme qui vous classe, rende votre individualité indispensable, et ne vous mette pas dans la nécessité de parcourir toutes les régions parlementaires sans être admis nulle part que comme *auxiliaire* ; car c'est là précisément ce qui vous est arrivé partout.

Avec la question d'Orient, au contraire, votre individualité devenait le centre, le foyer d'une action qui doit intéresser toute l'Europe ; puisque ce n'est pas une œuvre purement française que nous faisons, mais une œuvre universelle, à laquelle le monde de tous les pays peut prendre la part qu'il voudra, au moyen des comités qui se formeront partout, et des souscriptions auxquelles chacun sera invité.

Vous n'auriez certainement jamais dû hésiter un instant à prendre ce parti. Vous seriez bien autrement avancé aujourd'hui que vous n'êtes vers le but auquel vous aspirez, parce que ce que nous proposons est maintenant inévitable dans un temps prochain, *par la force même des choses* ! Et c'est parce que l'opinion publique ne pouvait pas admettre que vous fissiez défaut à cette cause, que je serai obligé de publier mes deux lettres, si vous persistez dans votre refus.

Mais là encore votre susceptibilité vous a fait faire fausse route, comme partout. Vous vous êtes suffoqué d'y trouver déjà établi un homme qui a été en Orient dix ans avant vous, et qui a formulé le système nécessaire à ces contrées, en termes si précis, si nets, si justes, si exacts, si étroits, qu'ils sont à la portée de tout le monde ; qu'ils satisfont tous les intérêts ; conviennent tellement à toutes les existences (c'est vous-même qui m'avez fait l'honneur de me le dire en 1841), « qu'il » n'y a rien à ajouter, rien à retirer, et que mon plan » englobait (cette expression est la vôtre), tous les co- » mités helléniques, syriaques, hébraïques, toutes les au- » tres associations qui avaient pour but des objets isolés; » puisqu'il satisfaisait à tout. » C'est pour cela même que vous m'aviez dit de voir M. Eynard, chez qui je suis allé de votre part.

Ainsi, ce n'est donc pas parce que ma pensée n'est pas juste ; ce n'est pas parce qu'elle n'est pas bien exprimée, « il n'y a rien à ajouter, rien à retirer, » cela est vrai, j'en ai la conviction ; ce n'est pas parce que mon système est défectueux que vous ne voulez pas vous unir à nous : l'une est complète, l'autre satisfait tous les intérêts ; mais c'est au contraire, *parce qu'il n'y a rien à ajouter, rien à retirer*, « c'est parce que en se dévouant » à cette cause, ce sera toujours mon œuvre propre que » l'on servira, » c'est encore ainsi que vous me l'avez exprimé, et « vous ne pouvez pas consentir à mettre vo- » tre individualité au service d'une autre individualité, » pas plus de la mienne que de celle de tout autre ! » Vous avez refusé votre participation ! Vous avez même dit à un de nos amis communs, M. de G.... : « Que vous » n'étiez pas gorge de pigeon, que vous ne réflétiez pas » les couleurs des autres. »

A ce compte, Monsieur, vous êtes arrivé trop tard partout ; car je ne puis pas faire que ce que j'ai écrit, publié, répandu de tous les côtés, à mes frais onéreux, ruineux mêmes, n'existe pas ; que ma pensée, essentiellement politique n'ait pas toute la portée, que j'ai voulu lui donner et que j'ai la confiance que tout le monde lui reconnaît. C'est là le propre des gens qui ne sont pas nés poètes, que d'être précis dans l'expression de leurs principes. Laplace n'aurait jamais fait une page de l'*Ange déchu*, et vous, vous ne ferez jamais de traités de mathématiques, je vous le dis comme phrénologiste, parce que ces facultés sont opposées et s'excluent même. Je vous avouerai bien plus, à ma honte sans doute, que les miennes se refusent à la lecture de vos ouvrages, que je n'ai jamais pu continuer parce qu'ils ne fixent pas mon attention, et me laissent si souvent dans le vague que je ne sais plus quelquefois comprendre ce que je lis, pensant à tout autre chose. Je me suis contenté d'en extraire deux ou trois citations que j'ai prises pour épigraphes, parce qu'elles allaient à mes idées, à mes plans, à mon système, à mes projets ; mais ayant soin de les isoler de ce qui précédait ou suivait, qui n'avait pas toujours ensemble des rapports bien exacts.

Cependant, vous l'avez vu, j'ai fait tout ce que j'ai pu pour effacer mon individualité devant la vôtre, que je voulais mettre à la tête des autres, et dont je consentais à ne plus être que le très humble serviteur, puisque je vous invitais à prendre la présidence d'un comité dont je n'aurais plus été, moi, que le délégué. J'avais fait tous les sacrifices possibles de mon amour-propre pour satisfaire le vôtre en tâchant de prouver, par les épigraphes que j'avais prises, que c'étaient vos ouvrages qui m'avaient inspiré, tandis que, je vous le jure sur l'honneur, je n'ai jamais lu quatre pages de suite de vos voyages en Orient. Mais tous mes efforts à

ce sujet n'ont rien fait sur vous ; vous avez persisté imperturbablement dans cette idée, « que rien ne pourrait
» changer cette opinion qu'aurait ou que doit avoir le
» public que vous ne seriez jamais dans cette entreprise
» que l'agent de mon œuvre. »

Eh bien ! soit donc, Monsieur, subissons tous les deux les conséquences de nos organisations respectives ; faites de la philanthropie *sentimentale*, je ferai, moi, de la philanthropie *pratique* ; sacrifiez la cause de l'*émancipation de l'Orient* à l'espoir chimérique d'un ministère dont la réalité ne vous apparaîtra jamais qu'à travers le mirage de vos illusions, comme j'ai sacrifié ma place, moi, à l'espoir plus réel d'être utile à cette cause, et d'assurer son triomphe. A vous la forme, à moi le fond; à vous l'erreur, à moi la raison ; à vous les fictions, à moi la réalité ; à vous la parole, à moi l'action ; et sous ce rapport, nous pouvons encore, en nous éloignant, rendre, par cela même, de grands services à cette même cause, en suivant chacun nos propensions naturelles : *vous parlerez, moi j'agirai ;* autrement dit : *vous serez, vous, la parole de mon action, comme je serai, moi, l'action de votre parole ;* vous protesterez au nom de l'humanité, au nom de la France, au nom des cœurs généreux, en faveur des chrétiens d'Orient ; moi, j'appellerai les cœurs généreux à nous aider à soustraire ces chrétiens à leurs souffrances : ce qui servira bien mieux l'humanité et l'honneur de notre pays ! et si, après avoir vainement cherché partout, *en politique*, des affinités que vous n'avez pas pu trouver là ; après avoir échoué auprès de toutes les catégories que vous avez abordées, vous êtes obligé de rompre avec un monde qui ne vous aura pas compris, ou que vous-même vous n'avez pas pu comprendre, et de vous concentrer dans votre individualité *poétique*, comme le sage, vous pourrez dire que vous n'avez pas tout perdu *dans vos courses;* une chose précieuse, immense, vous restera toujours, qui peut vous consoler de tout : VOTRE LYRE!..... vous chanterez l'*émancipation orientale*; nous, nous l'accomplirons à tout risque que ce soit.

Après ceci, Monsieur, vous comprendrez facilement ce que deviennent les éloges de ma première lettre. J'ai sacrifié sur l'autel de l'idole qui s'adore elle-même!.... dans l'intérêt de ma cause, pour obtenir l'appui de votre nom, que dans le monde on considérait comme devant être l'âme de l'œuvre de l'*Emancipation de l'Orient*; j'ai flatté votre vanité. En refusant, par excès d'amour-propre, de prendre, au dessus de moi, la place que je vous offrais, vous m'avez forcé de me mettre à votre niveau, et je crois y être maintenant, j'entends pour la question d'Orient, que vous n'avez traitée, vous, que comme poète, écrivain et orateur, et que, moi, j'ai résolue comme publiciste et comme politique : qualités qui me sont acquises aujourd'hui, aussi bien que les autres vous appartiennent ; car ni vous, ni personne ne pourrez rien faire d'utile, et pour l'Europe et pour les contrées orientales, en dehors des principes que j'ai posés, et sans les reconstitutions nationales que j'ai indiquées (1).

Recevez, Monsieur, la nouvelle assurance de ma haute considération.

Dr BARRACHIN,
Apôtre de l'émancipation orientale.

Paris, ce 22 septembre 1846.

(1) Le tout se trouve compris dans les pages qui suivent d'un *spécimen* que j'ai dernièrement publié à Malte, et que je reproduis ci-après.

Malte, le 24 mars 1846.

Les affaires d'Orient constituent incontestablement, dans ce moment, la question culminante de la politique européenne par plusieurs raisons ; les voici :

La 1re. C'est qu'il est évident, pour tout le monde, que le gouvernement ottoman ne peut positivement plus vivre avec les élémens actuels de son organisation ;

La 2e. Qu'il lui en faut, par conséquent, d'autres qui soient combinés pour la satisfaction des besoins de tous, selon les progrès de l'époque ;

La 3e. Qu'il ne peut les trouver que dans l'adoption d'un principe large et conciliateur qui permette de fonder une *société nouvelle* où toutes les sectes puissent vivre en paix les unes avec les autres, sans asservissement pour aucune :

La 4e. Que ce n'est que :

1° Dans une parfaite égalité civile et politique;

2° Dans une liberté religieuse complète ;

3° Avec la séparation du spirituel et du temporel ;

4° Et avec le droit de possession accordé aux étrangers, que cette heureuse harmonie peut exister ;

La 5e. C'est que les Turcs étant très positivement « *incivilisables par eux-mêmes;* » non à cause d'un manque d'intelligence dans la nation ou d'une brutalité innée; cela n'est pas ; les Turcs sont, au contraire et généralement, très sensés et de bonnes gens au fond (1); mais,

(1) Je dirai tout de suite franchement mon mot à ce sujet : j'aime les Turcs, je les aime comme individus, je veux les aimer comme frères ; je suis leur ennemi comme dominateurs.

comme l'a dit S. E. Reschid-Pacha, actuellement ministre des affaires étrangères, dans une brochure intitulée STATU QUO D'ORIENT, qu'il a fait publier à Paris, en 1839, par son secrétaire intime M. Cor, aujourd'hui premier drogman de France à Constantinople.

« Parce que le dogme religieux des Ottomans, » *étroit* et *exclusif*, ne pouvait former qu'une société en » état d'hostilité avec tout ce qui n'est pas musulman » et la constitue uniquement pour la guerre et la dé- » vastation ; parce que l'orgueil et la satisfaction des » sens sont les deux seules bases sur lesquelles repose » cette société, etc. (1). »

C'est donc ces bases, ce dogme qu'il faut changer, ou dont il est au moins indispensable de modifier l'action si l'on veut obtenir de bons résultats :

La 6e. C'est qu'on ne peut plus admettre non plus au XIXe siècle, que 10 millions de Turcs, qui occupent 86 mille lieues carrées, conservent leur domination tyrannique et barbare sur 9 millions de chrétiens ; les privent ainsi de droits civils et politiques, en présence de 218 millions de chrétiens que contient l'Europe, et constituent ainsi perpétuellement, dans ces belles contrées orientales, un état de malheurs et de misères dont il est impossible de supporter l'aspect sans commisération pour les opprimés et sans animadversion pour les oppresseurs ;

La 7e. La plus puissante, la plus urgente de toutes,

(1) Si quelqu'un entreprend de me contester l'exactitude de cette citation et la vérité de mon assertion, ou pense m'opposer à moi-même sur ces faits, je ferai connaître les transactions qu'ils ont motivées,

en ce sens qu'elle touche aux intérêts matériels actuels et futurs des peuples et des gouvernemens européens, c'est que la paix publique, dans nos pays, ne peut rester à la merci d'un événement quelconque en Orient qui pourrait décider une conflagration générale fâcheuse pour tous : nations, gouvernemens et individus ;

La 8ᵉ. Que c'est là précisément ce qu'il faut prévenir et empêcher ;

La 9ᵉ. Que la France, l'Angleterre et l'Autriche, puissances éminemment progressives, sous les rapports politiques, sociaux, scientifiques et industriels, ne peuvent pas consentir à laisser, à leurs côtés et devant elles, un empire où tout est aujourd'hui en pleine dissolution morale, civile, religieuse et politique : nation, gouvernement et individus ; et qui, à chaque instant, peut être pour elles une cause de trouble dans leurs combinaisons politiques, gouvernementales, sociales et humanitaires ;

La 10ᵉ. Que cette impuissance des Turcs à fonder quelque chose de stable et de durable dans leur pays, existera tant que le Coran sera la loi gouvernementale et religieuse en même temps, qui règlera tout dans l'empire ;

La 11ᵉ. Que c'est donc au contraire par la seule adoption de lois civiles et politiques, administratives, communes à tous, et par la constitution d'une institution judiciaire indépendante, que l'on peut assurer ainsi la tranquillité et les progrès de la civilisation en Orient ;

La 12ᵉ. Que l'empire ottoman est démesurément trop grand, eu égard aux gouvernemens européens, pour être conservé dans son intégrité ; parce que sa régénération serait impossible s'il était maintenu dans ces proportions ;

La 13ᵉ. Que d'ailleurs les institutions civiles, politiques, administratives, judiciaires, bien plus, que les sujets lui manquent absolument pour opérer utilement toutes ces réformes dans un temps utile au bien de tous ; veut-on un exemple sur des milliers de faits, la Turquie a 86 mille lieues carrées sans ponts, ni routes, ni canaux, ni chaussées !

La 14ᵉ. Que le règne des conquérans, qui n'ont point légitimé leurs conquêtes en opérant une fusion entre eux et les vaincus, est terminé; que dix nationalités ont le droit de réclamer aujourd'hui leurs existences anciennes et qu'il faut qu'elles leur soient rendues ;

La 15ᵉ. Que c'est donc de ces restitutions qu'il faut s'occuper dès à présent : ainsi que c'est de l'établissement *d'un équilibre oriental* qui s'harmonise avec *l'équilibre européen* qu'il doit décidément être question maintenant ;

La 16ᵉ. Que cet équilibre européen n'est pas garanti tant que l'empire ottoman restera dans des proportions trop considérables, soit qu'il se régénère ou non : car s'il se régénérait *les Turcs restant Turcs* et conservant leur domination absolue sur les chrétiens, ce serait d'abord une iniquité que l'Europe ne peut plus tolérer ; ensuite ces Turcs formeraient à eux seuls un Etat aussi vaste que toute l'Europe occidentale, et pourraient être dangereux pour l'avenir ; s'ils ne se régénéraient pas, et là est la vraie question, ils laisseraient exister un *casus belli* entre les puissances de l'Europe qui ont des vues ambitieuses sur des provinces de leur empire et celles qui ont intérêt à s'y opposer, et cela ne doit plus être ; il faut que le calme soit maintenu pour le présent, et préparé pour l'avenir !

La 17e. Que c'est donc d'une nouvelle distribution des diverses parties qui forment aujourd'hui l'empire ottoman qu'il s'agit d'opérer; qu'ainsi il faut revenir aux principes fondamentaux établis dans une brochure que j'ai publiée en 1842, et qui se réduisent aux six propositions que voici (1) :

« 1° Le maintien de l'équilibre européen, c'est à dire » le maintien de toutes les possessions actuelles, assuré » par la conservation de l'empire ottoman, restreint, » sous la dénomination d'Empire bosphorien (la Bos- » phorie), assuré à son tour par l'émancipation des » Rayas, avec la Thrace et les provinces d'Asie : plus » de 46 mille lieues carrées; presque deux fois comme » la France :

» 2° L'agrandissement de l'Etat grec par la restitution » de l'Epire, de l'Albanie, de la Thessalie et de la Ma- » cédoine, et l'indépendance de Candie : l'utilité de la » constitution de ce petit Etat sera expliquée dans un » travail dont je m'occupe ;

» 3° La fondation d'une monarchie chrétienne indé- » pendante en Syrie, avec Chypre pour annexe ;

» 4° L'indépendance des Etats égyptiens et barbares- » ques ; fondation de monarchies dans ces Etats ; cons- » titution définitive d'un Etat arabe avec des garanties » civiles et politiques pour les peuples, *pour les Arabes*

(1) Dans la séance des communes du 23 février, on a dit que la pensée qui préoccupe sir Robert Peel, « c'est d'empêcher en Orient le développement d'une puissance capable de remplacer les Turcs, s'ils s'en vont ; » en conséquence, ce plan doit lui convenir puisqu'il divise les intérêts.

» *comme pour les autres*, avec un code civil égal pour
» tous;

» 5° L'ouverture de l'isthme de Suez par des compa-
» gnies européennes, avec la liberté de passage pour
» toutes les nations, moyennant des droits réglés par
» des traités;

» 6° Enfin l'institution d'une confédération indépen-
» dante des cinq provinces danubiennes : la Bosnie, la
» Servie, la Bulgarie, la Valachie et la Moldavie, sous
» le nom de *Confédération danubienne;* avec l'adoption
» du code civil français et du système décimal pour les
» poids, les mesures et les monnaies dans ces Etats. »

La 18e. Que ces dispositions sont indispensables pour ouvrir des débouchés à nos produits européens, et pour livrer à nos populations exubérantes l'entrée de l'Orient dépeuplé et inculte;

La 19e. Que ces dispositions sont encore forcées pour empêcher des envahissemens qui pourraient compromettre la paix publique en Europe;

La 20e. Enfin, que l'Autriche, pour maintenir l'ordre dans ses Etats si divers, a besoin qu'il soit garanti chez ses voisins; que l'Angleterre doit désirer que les voies pour l'Inde ne soient jamais interrompues ni soumises au bon vouloir d'aucun gouvernement, pas plus de celui d'Égypte que celui de Syrie; que la France est obligée de remplir le mandat civilisateur que la Providence lui a dévolu, et qu'ainsi elle doit intervenir toutes les fois que son influence est nécessaire pour le bien-être des peuples et le maintien de la paix partout et toujours, puisqu'il est vrai qu'elle s'est toujours associée aux progrès sur tous les points du globe.

Toutes ces considérations se réduisent donc à l'adoption de ces trois grands principes primitifs :

Le 1er. *L'émancipation des Rayas en Turquie,* selon la formule ci-dessus détaillée;

Le 2e. *L'établissement d'un équilibre oriental* par la reconstitution de l'Etat ottoman sous une nouvelle dénomination qui confonde les individus, et les fasse tous, *à titres et à droits égaux*, enfans de la même patrie et sujets du même gouvernement ;

Le 3e. L'intervention légitime des gouvernemens européens pour décider absolument toutes ces grandes questions de paix publique;

En 1815, un congrès de ces gouvernemens a eu lieu, qui a fixé l'équilibre européen auquel on doit les trente ans de paix qui viennent de s'écouler; en 1847, un congrès nouveau de ces mêmes gouvernemens peut bien encore avoir lieu qui décidera pour des siècles la paix du monde.

Tels sont, en effet, les principes que j'ai posés dans mes anciennes publications depuis 1840, et que le *Régénérateur de l'Orient* aura pour mission de soutenir maintenant, de propager et de faire prévaloir. Il ne manquera pas à sa mission, et, pour y arriver plus sûrement, il appelle à lui les hommes qui, dans tous les pays, peuvent, par leur rang, leurs talens et leurs positions, contribuer à assurer leur triomphe.

Et je le dis avant de terminer, l'Europe a le droit, dans l'intérêt du monde entier, de se poser ainsi en MAJEUR UNIVERSEL, à l'égard de tous les peuples et de tous les gouvernemens restés jusqu'à présent en arrière des progrès de la civilisation moderne et qui ne peuvent être considérés, par elle, pour cette raison, que comme des MINEURS dont la Providence lui a confié la tutelle, et tout l'Orient (la Turquie, la Perse, la Grèce, l'Égypte, la Syrie, les provinces danubiennes et les États Barbaresques) est évidemment dans ce cas;

C'est donc à l'Europe à leur ouvrir, *d'autorité*, les voies du progrès; et elle ne peut le faire qu'en décidant l'adoption des principes que je viens de poser et qui se réduisent toujours à ces quatre mots formulés depuis long-temps, et inscrits sur notre drapeau:

« DROITS ÉGAUX POUR TOUS. »

Cette juridiction de l'Europe sur les autres parties du globe, résulte incontestablement du droit public et politique que les sociétés ont d'user de leurs moyens pour se conserver, ou pour conserver aux individus leur existence, quand ils sont incapables d'y pourvoir eux-mêmes. De là naissent les lois pour tous; de là naissent les interdictions et conseils de gestion pour ceux qui ne savent ni s'administrer ni se gouverner eux-mêmes; et, vraiment! qui peut contester que ce ne soit là, je le répète, l'état réel de l'Orient.

Ainsi, dans l'intérêt de chacun des États qui le composent, comme dans celui des populations et des souverains aussi, l'intervention que je réclame de l'Europe est désirable; elle est forcée dans l'intérêt général.

Un congrès à ce sujet est donc non seulement une chose, bonne en elle-même, judicieuse de la part des gouvernemens européens, celle que la raison indique; mais elle est aussi celle que l'humanité réclame, exige même, et l'on ne doit pas hésiter à s'y décider.

Tel est le réquisitoire que ma conscience me porte à adresser au tribunal de la civilisation moderne que représente l'Europe, autant pour le bien-être des Turcs eux-mêmes, que pour celui des autres populations, car ils pâtissent, eux aussi, de la misère qu'ils font; j'espère qu'il sera écouté avec intérêt, qu'il obtiendra ce que je demande au nom de tous : les moyens de conserver la paix partout et toujours, en proclamant notre principe : *droits égaux pour tous !...*

L'apôtre de l'Emancipation orientale.

D. Barrachin.

Dans la position où je me trouve, lorsque je cherche à appeler l'esprit public européen sur une des plus grandes questions humanitaires, religieuses, politiques et civilisatrices dont l'Europe puisse avoir à s'occuper, je crois devoir donner des preuves que je ne me suis pas engagé en étourdi dans cette affaire à laquelle je me suis consacré, puisque j'ai obtenu beaucoup de suffrages. Je me borne à en citer deux en autographes *fac simile*, qui montreront comment j'étais apprécié par des hommes de partis opposés : l'une est de M. Odilon Barrot, l'autre de M. de La Rochejacquelein. J'oppose ces deux promesses au refus de M. de Lamartine.

M. de Pontois m'a aussi fait écrire, en 1841, par M. Cor, premier drogman de l'ambassade de Constan-

Monsieur — j'approuve

fort votre plan et le trouve

parfait — vous pouvez

toujours compter sur mon concours

et mon dévouement pour la fameuse

entreprise — à laquelle vous vous

êtes si généreusement employé

Votre bien dévoué

Odilon Barrot

P. S. Je remets au porteur de votre lettre

ma cotisation 2. 50 f.

Monsieur,

je suis arrivé hier d'orléans, vous
comprenez pourquoi je ne vous ai
pas répondu; tant qu'il existera
une association quelconque pour
l'émancipation des chrétiens d'orient,
j'en ferai partie, autrefois mon
nom a été mêlé aux croisades, moi
même ne pouvant aller en grèce
j'ai été battre contre les turcs, ce
que vous faites est encore un
moyen de combattre l'esclavage
les chrétiens, je m'y associe, tel résultat
qui doive en surgir, l'intention
suffit. agréez, Monsieur,
l'assurance de mes sentimens
les plus distingués

Mis de la Rochejaquelein

1er 7bre 41.

tinople. « Qu'il voudrait bien pouvoir un jour me féliciter du succès de mon entreprise. »

Lui-même, M. Cor, me disait dans une correspondance : « Puisque vous êtes providentiel, marchez. »

M. Adolphe Barrot, consul général à Alexandrie, disait, dans une lettre qui m'a été remise au moment de mon départ de cette ville : « Que c'était un malheur » que mes idées ne fussent encore qu'à l'état d'utopie ! »

D'autres agens du gouvernement, très haut placés, m'ont écrit des choses plus belles encore, et que ma discrétion ne me permet pas de répéter. Enfin, je n'ai quitté Constantinople, sans résistance, le 7 juin 1845, que parce que M. de Bourqueney m'avait promis de travailler lui-même au succès de mon entreprise.

D'ailleurs, le *Comité oriental* existe toujours ; il va se réunir à la rentrée des vacances. Il est probable qu'aucun des membres qui en faisaient partie ne fera défaut. Des célébrités de la chambre des députés ont nouvellement consenti à s'unir à leurs collègues, entre autres M. Léon de Malleville et M. Berryer.

Ce comité aura le complément que la loi permet, et marchera au but qu'il s'est, dans le principe, proposé.

M. de Châteaubriand s'est inscrit tout le premier sur le livre des souscriptions. J'ai eu aussi beaucoup de suffrages des étrangers. Je dois m'abstenir de les faire connaître, un jour viendra où les auteurs s'en feront honneur.

POST-SCRIPTUM ESSENTIEL.

M. de Lamartine a adressé, vendredi 30 septembre, à toute la presse de Paris, un morceau littéraire de sa composition, que presque tous les journaux ont reproduit et commenté, quand il ne devait paraître que le dimanche 3 octobre *seulement*, dans *le Bien Public*, qui s'imprime à Mâcon.

J'ai vraiment été stupéfait en apercevant les quatre grandes colonnes et demie de cet article, auquel il a donné, avec une intention calculée, le titre effrayant ; DE LA CRISE DES SUBSISTANCES, et qu'il a expédié trois jours avant la publication du journal mâconnais, pour qu'il arrivât juste le 1er octobre à Paris.

Je me suis cru battu, je l'avoue !... M. le député de Saône-et-Loire traitant, dans ce moment-là même, une question d'économie commerciale, agricole, administrative, politique, gouvernementale (c'est ainsi qu'il l'a présentée), me semblait devoir être bien sûr de son fait, car c'était certainement, pour m'assommer, une réponse indirecte à mon manifeste qui devait paraître ce jour-là aussi, et que la presse de Paris aurait à commenter en même temps que son écrit, qui, incontestablement, anéantirait le mien par la justesse des idées et par la puissance de la logique qui devaient sans doute se trouver dans cet immense travail. Je croyais enfin que j'en serais pour mes frais ; car, peut-être n'oserais-je plus publier ce que j'avais préparé, qui, certainement, allait tomber à faux si M. de Lamartine avait résolu la grande question qui, selon lui, préoccupe tous les esprits dans ce moment.

Mais peu à peu, à mesure que je parcourais ces longues colonnes, j'ai senti la sérénité rentrer dans mon esprit, d'abord si vivement impressionné; j'ai même fini par être un peu honteux de ma panique, et définitivement je me suis convaincu, *parfaitement convaincu*, comme je le suis maintenant d'une manière imperturbable, que le nouveau manifeste de ce poète était encore une circonstance qui, loin de porter atteinte aux opinions que j'avais exprimées sur lui dans mon écrit, venait, au contraire, corroborer de la manière la plus éclatante tout ce que j'avais dit, et prouver, *sans réplique désormais*, tout ce qu'a d'*ingouvernemental*, d'illogique, même d'extravagant, l'esprit de M. de Lamartine; et, l'avouerai-je, à mesure que je m'appliquais davantage à pénétrer dans l'obscurité de ce factum amphigourique, je sentais une telle indignation s'emparer de moi, de voir traiter avec tant d'insuffisance, je dirai même *d'ignorance pratique*, une question de cette gravité, que j'ai fini par éprouver une congestion cérébrale qui, depuis huit jours, ne m'a pas permis de m'occuper de la réponse que je me proposais de faire, parce que chaque fois que je voulais y revenir je me sentais saisi de la même indignation; et ce n'est qu'après un repos complet, que je puis enfin entreprendre de dire ce que je pense de nouveau de M. de Lamartine et de son indigeste travail, sur lequel la presse de Paris n'aurait jamais dû entreprendre une discussion sérieuse, car il ne la comportait pas, parce que ce n'est pas avec des hyperboles que l'on traite des questions de cette nature, mais avec des faits positifs, ce que n'a pas fait M. de Lamartine ; je vais le prouver tout-à-l'heure.

Une explication préalable est nécessaire, la voici :

J'avais adressé à MONSIEUR LE MEMBRE DU PARLEMENT, *manuscrite*, la lettre qui lui était destinée, que l'on vient de lire. Je l'avais accompagnée d'un petit billet dans lequel je lui disais, en homme loyal qui ne veut surprendre personne, que : « S'il persistait dans son refus de » CONCOURS A LA GRANDE OEUVRE DE L'ÉMANCIPATION ORIEN» TALE, je publierais ma lettre le 1er octobre. » Voulant ainsi lui laisser le temps de réfléchir au parti qu'il aurait à prendre, ou de préparer une réponse s'il jugeait convenable d'en faire une publiquement.

M. le député de Mâcon n'a pas changé de résolution; il reste, à l'égard de la question de *l'émancipation de l'Orient*, purement et simplement *homme de parlement!*... Mais, pour détruire l'effet qu'il a bien voulu supposer que produirait mon écrit sur lui, il s'est hâté de *traiter*, je veux dire de prendre pour texte d'une réponse qu'il m'a adressée indirectement (car traiter c'est autre chose) une question, sans doute palpitante d'intérêt en ce moment, mais dans laquelle ce que j'appelle *son insuffisance politique* se révèle de nouveau à chaque paragraphe, à chaque ligne, d'une manière si pitoyable, *sous tous les rapports économiques*, qu'il semblerait qu'il n'a même jamais un instant réfléchi à ces sujets.

Cependant, M. de Lamartine a cru faire comme le philosophe qui se mit à marcher en présence de celui qui lui contestait le mouvement.

Je lui avais dit dans ma lettre : qu'il n'avait aucune idée de tactique en politique, puisqu'il avait échoué dans toutes ses combinaisons depuis son entrée à la Chambre, et je l'ai prouvé. Je lui avais dénié toute qualité d'homme d'Etat, toute aptitude à traiter sérieusement et méthodiquement aucune question *d'utilité générale*, il l'a prouvé lui-même : « Avez-vous des plans su-
» périeurs à ceux des autres?... personne ne les con-
» naît. Etes-vous un homme à expédiens heureux dans
» un moment de *crise?...* Pourrez-vous dominer une
» situation difficile en faisant face à tout?... Vous
» n'avez fait que des fautes depuis que vous vous êtes
» consacré à la politique. »

Il me répond mentalement : vous dites que je ne suis rien autre chose qu'un grand poète, mais vaporeux, fantastique ; un magnifique écrivain, mais incohérent et sans logique ; un orateur sublime, mais vague, sans puissance sur les esprits ; un politique sans plan, sans système, sans programme, parcourant, *sans conviction*, toutes les régions parlementaires, enfin, que j'ai un esprit réfractaire aux questions d'utilité pratique, *ingouvernemental*. Eh bien ! je vais traiter une question d'économie générale qui est à l'ordre du jour dans ce moment, vous verrez comme je vais résoudre toutes les difficultés qu'elle présente ; je serai le sauveur du pays !

Il s'est donc donné à lui-même ce défi, et pour montrer qu'il est bon tacticien aussi, il n'a pas attendu que le journal de Mâcon, qui reçoit ses inspirations, parût, il a bien vite expédié, *en placards*, son manifeste à toute la presse de Paris, pour qu'elle en fût saisie *le jour même où mon écrit devait paraître!!*

A cela, je réponds : — Parfaitement combiné, M. le député ; cette fois votre stratégie n'a pas été en défaut ! Votre factum est arrivé à Paris en effet, justement lorsque le mien devait être livré au public ; mais vous avez joué de malheur dans cette circonstance. Vous êtes toujours arrivé trop tard dans toutes vos autres combinaisons, dans celle-ci vous êtes arrivé trop tôt. Si vous avez cru que nos deux écrits paraîtraient ensemble, que votre nom magique écraserait le mien et détruirait l'effet de ma publication par l'admiration que la vôtre allait causer, effet de votre modestie, vous vous êtes trompé ; votre travail a été fort peu goûté, et, par le fait d'une circonstance d'imprimerie, le mien n'a pas été prêt ce jour-là, en sorte que, paraissant après vous, je puis apprécier votre manifeste comme il le mérite selon moi, et y puiser de nouveaux argumens en faveur des opinions que je venais d'exprimer sur votre personne; et comme j'ai, par dessus tout et en toute chose, le courage de dire ce que je pense, quand je le crois utile, sans me préoccuper des éloges que l'on est aujourd'hui moutonnement convenu de vous donner sous le rapport littéraire, quels que soient vos écarts, pour avoir le droit de vous contester les facultés dont vous êtes si évidemment dépourvu, que c'est même une chose très remarquable que vous fassiez positivement, dans la chambre des députés, une exception en ce genre, quand vous avez, au contraire, la prétention inconcevable de vous croire une puissance sous ce rapport, je vais le faire avec toute la confiance que me donne à moi une organisation absolument opposée à la vôtre, et qui repousse tout ce qui n'est ni logique ni conforme aux préceptes que les sciences donnent à l'esprit ; je prendrai même volontiers l'engagement de vous réfuter de la même manière chaque fois que vous aborderez des questions de cette nature, parce que je suis assuré d'avance que vous les traiterez toujours, TOUTES, avec la même insuffisance, tant que vous ne vous déciderez pas à faire des études qui vous mettent à même de connaître les matières dont vous voulez parler.

Le *Journal du Commerce* vous a dit : « Il est fâcheux » que M. de Lamartine ait cru devoir ajouter à un élan » de son cœur, une excursion dans le domaine de l'*é-* » *conomie politique*. Ces froides questions, qui deman- » dent, pour être traitées convenablement, la tête d'un » homme d'Etat, ne conviennent point à un esprit où » domine l'imagination. » La tête d'un homme d'Etat, vous le voyez !!

Ce journal, cependant, vous a un peu menagé dans cette forme, il vous attribue des sentimens généreux dont je n'ai jamais vu de preuves qu'en paroles jusqu'à ce jour, et dont je me crois en droit de douter.

Mais si ce ne sont pas les sentimens que nous sommes appelés à apprécier dans cette circonstance ; si ce ne sont que les idées et la forme dans laquelle elles sont exprimées que nous devons juger ; si ce n'est que le caractère public de celui qui les exprime, qu'il faut examiner, je vais donc m'en tenir là et limiter ma critique à l'œuvre seulement.

Je prends donc tout de suite votre écrit dans son ensemble, me réservant d'arriver ensuite aux détails. Ainsi, comme œuvre générale, *sous tous les rapports économiques possibles*, je le dis avec franchise, c'est, selon moi, le plus pitoyable pathos qui puisse jamais sortir d'aucune plume *intelligente* en ces matières. Aucune idée nouvelle, pas une combinaison rationnelle propre à la circonstance, que vous exagérez même avec une mauvaise foi condamnable ou une coupable ignorance qui n'est pas permise quand on traite des matières aussi sérieuses que celles-là, surtout en employant, avec intention, des mots tels que ceux par lesquels vous débutez, car tout le reste n'est qu'un tas de lieux communs dans lequel on ne peut absolument rien prendre d'utile, ce qu'il est facile de démontrer, on va le voir; et si, par impossible, on pouvait admettre que, séduit par vos paroles, on vous livrât le ministère pour vous charger d'être vous-même l'agent de vos propres idées, vous n'y resteriez pas un mois, et vous n'en sortiriez que pour être conduit dans une maison de santé, car vous deviendriez fou à l'application, oui fou ! Ne l'êtes-vous pas déjà, en effet, quand vous écrivez de pareilles choses sur des *questions matérielles*, sans que l'on puisse rien trouver d'applicable dans ce que vous dites; et si vous n'êtes pas insensé de vous livrer à des travaux auxquels vous n'avez aucune propension; pour lesquels vous n'avez fait aucune étude, qui sont même antipathiques à votre organisation, à votre nature fantastique, pouvez-vous au moins échapper à la qualification d'*alarmiste*, que je vous donne moi, et que vous méritez quand vous parlez ainsi, avec tant d'extravagance, sous l'apparence d'un sentiment généreux que je ne vous reconnais qu'*en paroles*, mais pas du tout en pratique, pas même pour un sou par jour, de choses que vous ne connaissez pas et de manière à tâcher de jeter l'inquiétude partout en vous donnant hypocritement l'air de vouloir tout calmer.

Telle est, en effet, *sous tous les rapports économiques et politiques*, mon opinion sur votre manifeste, et je vais prouver tout à l'heure qu'elle est juste et fondée.

Considéré sous le rapport littéraire, il faut cependant bien que quelqu'un ait le courage de vous le dire une fois, et dussé-je être conspué par les gens qui le jugent autrement, par tous les moutons qui vous louent, je dis que votre travail n'est qu'un galimatias de phrases amphigouriques, dans lesquelles on en trouve bien quelques unes à effet, mais si souvent embrouillées encore, que ce n'est que par un pénible effort d'esprit, qui ne permet plus de suivre la lecture, que l'on parvient à en supposer le sens. C'est ainsi que j'ai recommencé plus de six fois votre article sans pouvoir arriver jusqu'au bout, et que j'ai fini par en éprouver une telle confusion d'esprit que j'ai été obligé de le laisser là d'impatience.

Eh bien! puisque l'engagement en est pris, c'est donc sous le double rapport *économique* et *littéraire* qu'il faut examiner ce manifeste qui devait m'écraser : soit!

Un mot, cependant, auparavant, sur votre propre personne, pour prouver avant tout que vous êtes déjà incohérent avec vous-même, le manifeste viendra ensuite.

Je dirai donc d'abord, COMME PRINCIPE ABSOLU, que la première obligation que doit s'imposer un homme de sens, un homme logique, c'est d'être au moins un peu, *en apparence*, ce qu'il veut qu'on le croie en réalité : autrement dit, d'être ce qu'il veut paraître. En dehors de ce principe tout est profondément ridicule !... Un homme qui, dans l'idée de prouver qu'il est sage et sensé, ne ferait que des folies, évidemment se ferait moquer de lui. Eh bien! M. de Lamartine est, sous ce rapport, un type d'étude physiologique vraiment intéressante, par son opposition à lui-même et par les contrastes qu'il offre. — Ainsi il dédaigne ses facultés poétiques, il veut à tout prix être, et surtout *paraître*, un homme politique, un homme d'État, une grande capacité économique, un FINANCIER même (car il traite aussi les questions de finances !... la conversion des rentes). On doit croire, en conséquence, que c'est avec toutes les ressources des sciences économiques, avec des démonstrations graves, avec des calculs exacts, précis, justifiés par l'expérience, qu'il va traiter toutes les questions qui en ressortent.

On doit penser qu'il va abandonner le langage fictif, les tournures exagérées, amphibologiques, les métaphores hasardées; enfin, que dans toutes ces circonstances, le poète va disparaître, qu'il ne restera que l'homme politique, l'homme d'Etat ; c'est tout le contraire qui a lieu. L'homme d'Etat, avec sa logique, ne se trouve nulle part, le poète, avec ses extravagances, partout, même dans des questions de subsistances qui devraient bien, celles-là au moins, faire un peu exception et être établies sur des chiffres.

Et voyez tout d'abord comment débute M. de Lamartine, après un titre pris juste comme cri d'alarme : « LE PAUVRE A FAIM, LA FRANCE A PEUR ! » Je le demande, est-ce le langage d'un homme politique, d'un homme d'État, d'un homme qui va traiter une question d'économie sociale et politique ? N'est-ce pas plutôt un de ces mots A EFFET MÉLODRAMATIQUE, jeté pour produire un sentiment de terreur dans les esprits. *Donc le poète, et non l'homme d'Etat*; et, sous ce rapport, M. de Lamartine a un tort immense, puisqu'il ne peut pas s'astreindre au style clair et précis des chancelleries, au langage régulier et méthodique de la science, à la manière simple et arithmétique des économistes, c'est de ne pas mettre ses manifestes en vers, la forme dédommagerait du fond. Mais, Monsieur le député, il y a toujours eu des pauvres *qui ont eu faim*, et en plus grand nombre qu'aujourd'hui, où les établissemens de charité, où les associations philanthrophiques se multiplient si admirablement partout, *et la France n'a pas eu peur pour cela*. Si M. de Lamartine était moins abandonné à ses chimères, s'il réfléchissait assez pour comparer les époques et *statuer sur des rapports*, il saurait qu'en 1816 toutes les récoltes ont manqué en même temps, qu'elles ont toutes été pourries sur les champs. En 1816, où la France avait à réparer des désastres affreux, le pain se vendait jusqu'à huit sous la livre dans beaucoup de provinces, et jusqu'à quinze et dix-sept sous dans les Vosges ; les travaux manquaient partout, et cependant la France n'a pas été perdue pour cela.

Mais après cette belle exagération : « *Le pauvre a faim la France a peur,* » voyons comment va procéder M. de Lamartine : va-t-il d'abord s'éclairer des lumières de l'expérience? pas du tout, c'est son imagination seule qu'il consulte, quoiqu'il dise que « la question des blés est une question *expérimentale*. Avec la logique de l'illustre poète, il suffit qu'une question soit *expérimen-*

tale pour qu'il dédaigne tout de suite, pour la résoudre, tous les bénéfices de l'expérience, cela se conçoit. Aussi repousse-t-il loin de lui toutes les données statistiques, qui ne sont, dit-il, *que des conjectures*. En attendant mieux, j'engagerais volontiers M. le député de Mâcon à passer une couple de mois au bureau des longitudes, Ainsi, par exemple, notre habile économiste n'admet pas qu'un cultivateur puisse savoir ce qu'il récolte de blé, année commune; que ce qu'un cultivateur peut faire dans une commune, tous les autres le peuvent aussi; que ces opérations faites ainsi dans chaque canton, dans chaque commune, dans chaque arrondissement, soient ensuite reportées aux départemens, ensuite à un ministère, etc.; que ce qui est fait pour le blé se fasse ensuite pour la population (cependant il admet que la France a trente-quatre millions d'habitans); l'esprit vagabond de M. de Lamartine ne sait pas se conformer à des opérations régulières. Aussi que fait-il? exactement comme ferait un homme du monde qui, sans avoir fait des études préparatoires, sans être passé ensuite par les études spéciales, arriverait à dire: « Moi je sais guérir tous les maux du genre humain ; mais je ne suis pas comme les hommes de l'art, je n'ai pas besoin de connaître l'anatomie de l'homme, la physiologie de ses organes, les dispositions particulières des individus, leur tempérament (ce que nous disons idiosyncrasie). Je guéris tout... d'inspiration. » Nous appelons, nous, ces gens-là des charlatans; *je suis docteur en médecine*, M. de Lamartine! je ne sais pas si les économistes, cependant les médecins le sont bien un peu, traitent de la sorte ceux qui veulent faire de la science économique sans statistique, cela me paraîtrait assez juste. Mais M. de Lamartine n'a donc jamais fait de comptes avec sa cuisinière, il n'a donc jamais fait l'état de ses dépenses et de ses revenus; il pense donc que les négocians, les manufacturiers ne font pas d'inventaires; mais les inventaires, pour eux, c'est la statistique de leurs affaires, comme les statistiques que font les gouvernemens et les nations, sont les inventaires, plus en grand, de leur situation. Croit-il, M. le député, que ces chefs d'établissemens regardent leurs chiffres comme des conjectures. S'il en était ainsi, est-ce qu'ils pourraient régler leurs affaires. Qu'est-ce que c'est donc qu'un homme qui veut faire de *l'économie politique* sans chiffres, je vous le demande, M. de Lamartine !.. Eh bien ! ne vous en déplaise, les statistiques ne sont pas aussi chimériques que vos chimères à vous; quand vous ferez étude de cette science, vous le saurez aussi.

Maintenant, vous parlez des *greniers de réserve* comme si vous veniez de les inventer, et sans vous préoccuper en rien de ce que l'expérience a appris à ce sujet, vous dites que, « placés dans les grandes villes, et sur diffé- » rens points de l'intérieur par l'Etat, ces greniers s'ou- » vriraient dans les jours de disette, etc. » Mais, Monsieur, « *le pauvre a faim, la France a peur*;» selon vous s'entend, nous sommes en pleine disette!... et c'est dans ce moment-là que vous venez parler de greniers de réserve. Si on vous croyait, si on vous prenait au mot, on construirait donc tout de suite ces greniers de réserve. Mais qu'y mettriez-vous, s'ils pouvaient être construits encore comme par enchantement, *puisque nous sommes en pleine disette*, surtout quand vous ajoutez encore cette exagération : « Que tous les navires

» marchands de l'Europe, si, par impossible, ils étaient » tous exclusivement consacrés à importer des blés pour » la France, ne pourraient en importer pour une consom» mation de quinze jours. » Il faudrait aussi supposer qu'il n'y a plus un grain de blé dans notre pays. A votre compte même il n'y aurait donc aucun remède au mal, s'il était aussi réel que vous voulez le faire croire? et cependant vous en donnez un.

Vous dites :

« Le devoir des particuliers est écrit dans la cons» cience, c'est bien plus que d'être écrit dans la loi. » Toute souffrance appelle un secours. Le plus puis» sant des secours, c'est le secours mutuel de trente» quatre millions d'hommes à trente-quatre millions » hommes. Le pain est cher, multipliez le salaire à » l'aide duquel le peuple se procure du pain. Ouvrez » la main; faites des efforts, faites des sacrifices » de revenus et même de capital, entreprenez tous » les travaux d'amélioration de vos propriétés ou de » vos industries, qui peuvent donner plus de tra» vail aux ouvriers, cette année où leur vie est plus » chère; défrichez, plantez, bâtissez, fabriquez un peu » plus que vous ne l'auriez fait dans la règle ordinaire » de vos dépenses. Prêtez en travail au peuple un capi» tal qu'il vous rendra en produit, une autre année, en » consommation et en aisance générales. Enfin, si le tra» vail ne suffit pas, répandez-vous en aumônes plus » abondantes, dépassez chacun de quelque chose la me» sure ordinaire de vos bienfaisances. Cette masse de » petits efforts réunis sera un effort général, immense, » dont l'effet physique sera de secourir des milliers de » malheureux, et dont l'effet moral sera de montrer au

» peuple que le riche fraternise avec le pauvre, et que
» si l'égalité ne nivelle pas les fortunes, elle nivelle au
» moins la vie et le pain ! Que les villes surtout, que les
» conseils municipaux s'imposent volontairement, cette
» année, sinon cette taxe des pauvres, qui manque à nos
» institutions, au moins cette taxe extraordinaire de la
» faim. L'année de disette est un impôt que la nature
» prélève de temps en temps sur la nation. Cet impôt
» de Dieu ne doit-il pas peser équitablement sur tous ?
» La nature a-t-elle des préférences ? Fait-elle exception
» de fortune ? Ne doit-elle affliger de ses fléaux que les
» pauvres, déjà si affligés de leur pauvreté ? La religion,
» la politique, la prudence, vous répondent d'une seule
» voix : Non. Votre cœur vous répond encore mieux ;
» c'est le temps de l'écouter. Il y a plus de politique
» qu'on ne le croit dans un bon sentiment. »

Allons, M. de Lamartine, vous êtes riche aussi, signalez-vous ; ne faites pas, dans cette circonstance, de la philanthropie *seulement en parole*, mais *en action* ; prêchez de précepte et d'exemple ; que le journal mâconnais révèle au monde vos actes de générosité ; vous avez un grand nom, vous serez imité : « Faites des sa-» crifices de revenus et même de capital ; » il est ridicule de dire aux autres de faire ce qu'on ne fait pas soi-même. « Entreprenez, défrichez, plantez, bâtissez, fa-» briquez » pour vous prouver à vous-même tout ce qu'ont de ridicule encore de pareilles exhortations, comme si on pouvait faire toutes ces choses-là à plaisir, sans nécessité forcée, ou tout au moins sans calcul de sa position respective. Quel amphigouri économique qu'un pareil raisonnement, qui prouve bien jusqu'où peut aller l'esprit d'un homme d'imagination qui parle ou écrit sans réfléchir. Et, d'ailleurs, à quelle époque y a-t-il eu plus de travaux entrepris : plus de huit cents lieues de chemins de fer et tant d'exploitations si diverses qui commencent tous les jours !

Cependant, dans tout cela vous ne perdez pas de vue le reproche que je vous ai fait de ne viser qu'au ministère, car vous vous hâtez de déclarer que « ce n'est pas » là une question d'opinion, de politique, de *ministère,* » de gouvernement ou d'opposition, ce n'est même pas » une question de propriété; » de *ministère*, je le conçois; de *gouvernement*, vous vous trompez; de *propriété*, je n'y comprends rien; « *mais une question de* » *vie ou de* MORT pour tout le monde!! » Voilà le grand mot, le mot à effet mélodramatique. Eh bien! cela n'est pas vrai; ce n'est qu'une question d'un peu plus de cherté cette année que les autres, voilà tout. Il n'y a qu'une seule chose de bonne dans tout ce que vous avez dit, et elle était pratiquée et publiée avant que vous ne l'ayez imprimée, vous auriez dû en parler : c'est que les villes, etc., s'imposent extraordinairement pour les pauvres. Quant aux recommandations que vous faites à l'autorité de sévir contre les perturbateurs, il semble qu'elle est assez bien pénétrée de ses devoirs à ce sujet, sans qu'elle ait besoin de vos exhortations ou de votre permission pour cela; et si elle devait déjà sévir un peu, ne fût-ce que moralement, contre *les alarmistes*, vous ne devriez certainement pas lui paraître exempt de reproche, car votre article n'est qu'un cri d'alarme.

Voyons, maintenant, sous le rapport littéraire, si mon opinion est justifiée, et si vous méritez les éloges qu'on vous a donnés.

Ainsi, je condamne absolument cette expression,

dans un travail d'économie politique : « Le pauvre a » faim, la France a peur. » Comme celle-ci : « L'année » de disette est un impôt que la nature prélève de temps » en temps sur la nation ! » Un impôt que la nature, etc.; mais pourquoi cette définition amphigourique? Et puis, est-ce qu'on prélève *rien* : puis qu'il y a disette ? Où est la pensée philosophique là dedans? Il n'y en a aucune, c'est un galimatias; rien autre chose, et une plume habile comme la vôtre ne devrait rien écrire de semblable. C'est comme celui qui disait que : « Le déluge avait été » la lessive du genre humain. » Encore là il y avait un sens, exagéré sans doute; dans ce que vous dites il n'y en a aucun. Et tant d'autres choses que l'on ne pardonnerait à personne qui aurait un autre nom que le vôtre, et qui entreprendrait l'examen des questions que vous traitez.

Mais c'est assez, pour moi, de ce que j'ai dit, car je crois avoir prouvé que vous avez seulement les qualités que l'on vous concède, et que vous êtes absolument dépourvu de celles que l'on vous dénie; et puis, moi, qui suis logique, il faut que j'arrive à ma conclusion, et j'ajoute que vous fournissez encore en vous-même une preuve des plus frappantes de la *constance* de votre INCOHÉRENCE et de votre illogique : ainsi vous me dites que « vous voulez conserver en tout et sur tout votre li» berté entière d'action, » et voilà que, ne pouvant plus entrer dans aucun parti, être vous-même le centre d'aucune catégorie, vous vous prenez à traiter *en journaliste* toutes les questions qui se présentent. Ainsi, vous allez vous lier par les opinions mêmes que vous émettez sur chacune d'elles, en sorte que vous ne pourriez plus rien faire sans vous exposer à vous faire opposer à vous-même, si, par impossible, vous arriviez enfin au but que vous convoitez. Est-ce là encore la conduite d'un homme politique? en aucune façon, mais celle d'un homme tourmenté par l'idée d'être partout sans se fixer nulle part.

Maintenant, afin d'arriver, à mon tour, à une conclusion qui soit conforme à mes principes, je vous dirai, moi, pour terminer, que ce n'est pas à des dispositions momentanées que doivent se borner les considérations sur les moyens d'alimenter les populations, qui tendent à s'agglomérer toujours davantage depuis que la vaccine conserve le cinquième de l'espèce humaine, depuis que les sciences médicales et chirurgicales ont fait des progrès que les ignorans peuvent seuls contester, depuis que l'hygiène publique et privée a si admirablement assaini les habitations, etc., etc., depuis enfin que les progrès industriels et manufacturiers ont permis aux pauvres mêmes d'être plus sainement vêtus. De tout cela, il est résulté, M. le député, par les chiffres des statistiques, ne vous déplaise, qu'il y a, en France et dans toute l'Europe, dans ce moment, une augmentation considérable de population. En France, elle est à peu près de 162 mille par an, ce qui, dans une progression approximative, nous mènerait dans trente ans à un effectif de plus de 5 millions, et l'Europe, qui contient 225 millions d'habitans, en aurait, dans le même nombre d'années, environ 34 à 35 millions de plus.

C'est là, Monsieur, la pensée qui doit occuper les économistes politiques et gouvernementaux; c'est le déversement de l'exubérance croissante de ces populations qui doit réclamer leurs méditations; et c'est ici que je reviens, moi, à l'idée qui me préoccupe, à *l'éman-*

cipation de l'Orient; car, avec l'adoption de mes principes :

1° D'égalité civile et politique pour toutes les populations ;

2° De liberté religieuse complète ;

3° De séparation du spirituel et du temporel ;

4° Et du droit de possession accordé aux étrangers, nos populations pourront se porter dans ces contrées et donner emploi aux soixante-six mille lieues carrées de terre laissées sans culture jusqu'aujourd'hui, ce qui fait plus du double de la superficie de la France.

Vous le voyez donc, même pour la question des subsistances considérée dans ses nécessités futures, c'était encore de la question d'Orient dont vous deviez vous occuper, dont vous deviez, bien plus, faire votre unique occupation, car elle vous menait à tout.

Mais aujourd'hui, elle ne vous réclame plus. Vous venez de me faire comprendre le sens de ce mot que vous m'avez dit dans votre lettre de 1842 : « Ma position politique actuelle nuirait d'ailleurs à la cause que vous » servez plus qu'elle ne lui serait utile. » En effet, je crois qu'on ne peut plus servir aucune cause, quand on s'est prostitué au service de toutes.

Vous avez même voulu traiter la question des mariages espagnols. C'était une affaire morale, où les sciences étaient inutiles ; vous pouviez, par conséquent, fort bien les apprécier. Eh bien ! malgré cela, vous n'avez pas encore pu vous empêcher de vous jeter dans des contrastes, dans des contradictions que je ne veux pas relever : j'en ai bien assez de tout cela ; je ne m'appliquerai qu'à vous demander comment vous pouvez expliquer raisonnablement « que ces mariages sont une » preuve, ou deviendront un exemple sensible de la

» lutte intestine qui se révèle, depuis la révolution de
» juillet, entre les deux esprits qui se disputent l'em-
» pire de notre gouvernement à deux têtes : nous vou-
» lons parler de l'esprit dynastique et de l'esprit natio-
» nal ; le génie de la vieille monarchie et le génie de la
» jeune liberté. » Je livre ce rapprochement à l'appréciation non seulement des esprits sérieux et tant soit peu réfléchis, mais même au simple bon sens du public.

Un avis pour en finir, si vous le permettez, et dont vous vous trouverez bien : Dans tout ce que vous traiterez, posez d'abord des principes ; entrez dans les considérations générales qui doivent en prouver la justesse ; résumez-vous ensuite, donnez les moyens, et concluez. Voilà comme il est impossible de se fourvoyer et de parler beaucoup pour ne rien dire.

J'ai soutenu : « *L'Orient ne peut pas vivre avec les élémens de son organisation actuelle,* » et je l'ai prouvé; j'ai dit : « *Il lui en faut d'autres plus en harmonie avec les besoins de l'époque :* » je les ai fournis ; j'ai dit « *que l'Europe avait le droit d'intervenir pour sa propre sûreté dans la solution des questions orientales :* » je l'ai prouvé de même, et j'ai donné les moyens d'action. Maintenant, je puis échouer dans mon entreprise, par le fait de circonstances étrangères ; mais personne, dans le fond, ne contestera mes principes ; personne ne dira que j'ai été irrégulier, illogique dans mes actions à ce sujet, et j'aurai toujours le mérite d'une grande conception humanitaire, religieuse, politique, civilisatrice et nationale. Vous-même en êtes convenu, puisque vous avez dit qu'il n'y avait *rien à ajouter, rien à retirer* à ma formule. Je voudrais bien, dans votre intérêt, pouvoir en dire autant de tout ce que vous faites.

APPENDICE A LA PREMIÈRE ÉDITION.

CRITIQUE

DU MANIFESTE DE M. DE LAMARTINE

SUR LES MARIAGES ESPAGNOLS.

Monsieur,

Le peu de mots que, dans la première édition de ma brochure, j'ai dit au sujet de votre manifeste sur les mariages espagnols, a pu vous faire croire que je n'avais pas osé entreprendre la critique de ce long factum, reconnaissant par là, qu'à cette occasion du moins, et sur ce thême, que j'appelais *thême moral*, vous aviez réussi à réfuter, de fait, les doutes que j'ai émis sur votre vocation d'homme politique. Cette erreur ayant peut-être été partagée par quelques autres personnes, je saisis avec empressement l'occasion que me fournit la publication d'une seconde édition pour vous désabuser entièrement à ce sujet. Le fait est que, lorsque je rédigeai ma brochure, je n'avais pu me résoudre à entrer avec attention dans l'appréciation de votre manifeste, car tout ce qui vient de votre plume me trouble et me cause des tournoiement de tête si pénibles, que ce n'est jamais qu'avec difficulté que je parviens à vous lire. Mais, ayant pris mon courage à deux mains, j'ai enfin analysé phrase par phrase votre dernière élucubration, et, après la conviction qui est résultée pour moi de cet examen, je n'hésite pas à vous dire que tout ce que je vous ai reproché, vos inconséquences, vos contradictions, vos péchés contre la logique et le bon sens, les soufflets, pour ainsi dire, que vous donnez à chaque instant à vos propres antécédens et à votre conduite parlementaire, n'ont paru nulle part dans un jour plus éclatant, et, ce qui plus est, tous ces défauts se trouvent ici réunis à des oublis historiques et presque à une mauvaise foi qu'on aurait dû chercher auprès de tout autre que de vous.

Et, tout d'abord, permettez-moi de protester même contre cet éloge banal qu'il est devenu de mode de vous adresser, malgré tout, quand on parle de vos écrits de publiciste ; contre l'éloge de la magnificence et de la supériorité de langage dont vous auriez en quelque sorte le monopole. Si l'influence d'une célébrité quelconque pouvait faire perdre à notre langue ses plus éminentes qualités, sa clarté, sa logique et sa précision, et la doter d'un idiome vague, vaporeux, semblable à celui dans lequel les rêveurs germaniques noient leurs pensées, certainement vous devez être cette célébrité-là. La courtoisie que l'on observe chez nous si généralement envers tout homme qui a rehaussé la gloire du pays par des travaux auxquels la nature l'avait destiné, et malgré ses aberrations postérieures, cette courtoisie-là, dis-je, doit être bien grande, puisque tout le monde a laissé presque sans observation l'étrange question, qu'en tête de votre *factum* vous nous adressez en nous demandant : « Si nous voulons être une nation, ou si » nous voulons être une dynastie ? » Qu'est-ce que cela veut dire en réalité ? car comment supposer qu'un peuple de trente-cinq millions d'âmes puisse être, si même il le voulait bien, une dynastie, c'est à dire une seule famille composée de rois, de princes et de princesses! Peut-on inventer une phrase plus affectée, plus tourmentée, plus amphigourique? au lieu de poser cette question fort simple, que tout le monde aurait comprise : voulons-nous avoir une politique nationale ou voulons-nous avoir une politique dynastique?... Si votre phrase se trouvait rimée dans un poème fantastique, alors encore on trouverait la licence trop forte; elle est déplacée dans un écrit politique, surtout quand elle porte à faux sur le principe de la question; car il ne peut pas y avoir de séparation absolue entre l'une et l'autre politique; mais entrons dans le fond de ce prétendu magnifique discours :

Vous commencez par rendre une justice éclatante à l'habileté de l'acte diplomatique qui a été accompli à Madrid; vous cherchez même dans votre mémoire les noms des politiques les plus célèbres des temps modernes, pour mettre cet acte au niveau de leurs plus brillans exploits ; vous allez plus loin, vous paraissez indiquer minutieusement les diverses phases de cette prouesse diplomatique, comme vous dites, quand on vous voit la qualifier « de *lente*, de *sourde*, de *patiente* d'abord, et puis » tout-à-coup de *soudaine*, *d'inattendue*, de *violente*, et *de* » *provoquante* comme un coup d'Etat. » Ne devrait-on pas croire alors que vous aviez présente à l'esprit tout une série de faits, datant de bien long-temps, et rattachés les uns aux autres par une seule idée mère dont le *lent* et *patient* développement est poursuivi par son auteur, jusqu'au moment opportun habilement amené, où une victoire *soudaine* vient couronner les constans efforts d'une suite d'années? Mais non... vous ne faisiez qu'une phrase *magnifiquement construite*, puisque c'est ainsi qu'on est convenu de les appeler, et ornée de quelques grands noms historiques, uniquement pour attaquer le gouvernement par l'éloge ironique d'une action dont vous ne vous rendiez aucun compte, car plus bas, cette action *lente, sourde* et *patiente* a entièrement disparu. La politique française n'a plus rien embrouillé, comme Mazarin, elle dormait, et ne s'est souvenue de l'Espagne, entièrement oubliée, selon vous, pendant dix ans, qu'au moment où la reine est devenue nubile, et où sa sœur a atteint sa quatorzième année; chose qui a eu lieu, comme on le sait, il y a quelques semaines. Et alors ce ne sont plus Machiavel et Richelieu qui sont appelés pour fournir une magnifique image, peignant le réveil de la politique française endormie; mais le pauvre pape Sixte-Quint, jetant soudainement sa béquille, est exhumé de sa tombe pour venir marcher avec ses habits pontificaux, selon la nouvelle phrase de l'auteur de *Jocelyn*. Enfin, ce qui a été dans le premier passage l'effet d'une machinerie long-temps méditée et ourdie avec soin (remarquez cela), devient, dans le second passage, cette *étourderie soudaine* dont vous qualifiez le mariage Montpensier, en congédiant vos lecteurs.

Pour montrer comment les idées et les faits qui se présentent successivement à votre imagination, s'embrouillent tellement dans votre cerveau, que ceux mêmes qui s'appuyaient les uns sur les autres sont cités par vous comme se réfutant mutuellement, je n'aurais qu'à construire moi-même, pour raisonner dans votre sens, la marche possible de la politique française en Espagne tout-à-fait conforme à ce que vous indiquiez dans le premier paragraphe, d'après les données mêmes que vous alléguez dans le second, pour renverser ce que vous aviez dit dans le premier; mais je me bornerai à l'indiquer, ne voulant pas contribuer, moi, au développement d'insinuations malveillantes; ainsi : « On » s'est souvenu de la monarchie espagnole, — dites-» vous, —seulement quand elle a eu une fille à marier. » Or, il est notoire pour tout le monde que la politique française n'a jamais cessé d'agir sur l'Espagne depuis presque la fondation de la nouvelle dynastie, et, de temps à autre, elle est toujours revenue à cette action, quand les occasions en ont été données. Si donc tous les actes de cette politique concernant l'Espagne n'ont eu en vue que de disposer des infantes à marier, vous devez dater le commencement de l'action *patiente, sourde* et *prudente* de la diplomatie française, du moment de la naissance de la reine Isabelle, et surtout de celui où il a été connu que le testament de Ferdinand VII lui avait dévolu le droit de succession à la couronne, à sa sœur puinée une riche dot, et en cas d'éventualité, également des droits de succession; car, dès ce moment-là, Monsieur, la monarchie espagnole avait deux filles à marier dont on voulait pouvoir se réserver la possession pour le moment où elles deviendraient nubiles. Vous seriez d'autant plus autorisé à faire cette supposition, qu'il est même constaté, par des documens officiels, que déjà en 1844, il était question du mariage du duc de Montpensier, et qu'à cette époque l'infante Louisa n'avait encore que douze ans : fait qui renverse déjà, par lui seul, l'accusation ridicule que vous portez, et la qualification tout au moins impertinente, *d'étourderie improvisée*, que vous lancez dans votre second paragraphe.

Mais arrivons à la partie capitale de votre discours, à cette question : si le résultat obtenu en Espagne par la politique française, qu'il soit le fruit de cette action *lente, sourde et patiente* que vous admiriez d'abord, et dont j'ai essayé de vous esquisser la marche possible, ou qu'il soit le fruit d'une inspiration soudaine par suite du *réveil subit de cette politique endormie;* voyons si ce résultat ne consiste, en effet, comme vous le prétendez, que dans une misérable dot et dans une satisfaction d'amour-propre dynastique, ou s'il offre des chances considérables d'un agrandissement de l'influence du pays, de l'établissement d'un pacte intime entre les deux nations. En un mot si, pour me servir de l'expression aussi logique que pittoresque dont vous avez voulu vous servir, nous avons agi comme nation et comme dynastie.

Selon votre habitude, vous avez déjà vous-même, au fond, décidé la question *dans un sens diamètralement contraire à vos conclusions!* Car vous prédisez des immenses malheurs, non seulement à la France, mais aussi à l'Espagne et à toute l'Europe, comme conséquence inévitable de notre malheureuse témérité!... Selon vous, *oracle dans toutes les questions*, nous avons semé des guerres civiles en Espagne, une brouille avec tous les cabinets, et une conflagration générale. Je ne parle qu'en passant, en riant vraiment de bon cœur, de la naïveté avec laquelle votre brillante imagination crée, ce qu'elle appelle elle-même un chaos, en nous laissant à nous-mêmes le soin de nous en tirer comme nous pourrons!... Or, comment l'Espagne et l'Europe seraient-elles assez folles, dites-moi, pour vouloir dépenser, outre le sang versé, outre leur commerce et leur industrie troublés, des centaines de millions en frais de guerre et de conflagration, pour empêcher une influence qui ne doit pas exister, et uniquement parce que la dynastie française s'est avisée de mettre une trentaine de millions dans ses coffres et que, malgré tous les efforts, on ne peut plus lui reprendre, et parce qu'elle a jeté quelqu'éclat sur elle-même par une illustre parenté.

S'il ne s'agissait véritablement ici que d'une dot ou de la satisfaction d'une vanité, on pourrait tout au plus vous concéder que le procédé employé à cette occasion, et que vous qualifiez de machiavélique, dans le passage de votre discours qui l'admire, pourrait faire craindre aux cabinets qu'on ne l'appliquât désormais aussi dans des circonstances plus importantes, et exciter en eux une certaine défiance, les porter à la réserve et à la froideur ; mais, dans ce cas, la politique française n'aurait qu'à reprendre ses béquilles, se faire infirme comme auparavant, et dans peu de temps elle aurait de nouveau calmé toutes les inquiétudes, prouvant par là, qu'en effet, elle n'avait convoité qu'une innocente dot.

Mais, Monsieur, pour contester avec autorité, comme vous le faites de votre Mâconnais, à l'acte accompli à Madrid, la possibilité d'une importance politique quelconque pour le pays et pour la nation, vous établissez tout une théorie sur la partie politique de la parenté des dynasties ; vous citez une série d'exemples où les membres d'une dynastie, placés sur un trône étranger, n'ont rien diminué de l'antagonisme et des rivalités qui ont régné auparavant entre la mère-patrie du nouveau roi et sa patrie adoptive : tout cela est parfaitement exact; mais, ne sachant pas si vous vous êtes parfaitement rendu compte des raisons pour lesquelles cela a été ainsi dans les exemples cités par vous, je vais vous le dire, pour vous prouver que les exemples que vous prenez ne sont nullement applicables au cas que nous discutons.

Dans ces cas cités par vous, l'une ou l'autre dynastie est parvenue à placer un de ses membres sur un trône étranger, de manière à ce qu'il est devenu véritablement souverain, ayant la spontanéité, l'ostensibilité, la gloire et la responsabilité gouvernementale de ses actes. Un tel roi d'origine étrangère s'identifie bientôt avec la nation qui l'a adopté. Il épouse ses préférences, ses haines, ses antipathies, ses préjugés, ses mœurs mêmes, déjà, parce que ce sont autant de moyens d'agir sur cette nation et de faire oublier et pardonner son origine étrangère. Un prince français, placé non à côté, mais sur le trône d'Espagne, doit nécessairement être devenu Espagnol dans peu d'années, ou il court le risque d'être bientôt chassé du pays. Quant aux femmes mariées à des princes étrangers et qui subissent encore l'ascendant de la puissance et de l'affection maritales, et qui entendent les enfans qu'elles produisent bégayer dans leurs berceaux la langue de leur nouvelle patrie, la transformation s'opère encore plus promptement et plus radicalement : les exceptions, odieuses à tout le monde, sont bien rares, et nous avons dans ce moment, chez nous, un exemple admirable de cette transformation de patriotisme dans une des princesses venues aussi de l'étranger. N'avez-vous pas admiré, comme nous, ce sublime refus d'aller seulement pour un moment en Angleterre, de la part de la noble et digne mère de notre futur roi, alléguant, pour motif, « qu'elle ne voulait pas quitter » la France un seul instant, afin que, lors de son re- » tour, on ne la regardât pas de nouveau comme une » étrangère. »

Mais, Monsieur, dans le cas actuel, il s'agit de tout autre chose. Le duc de Montpensier ne sera jamais placé sur le trône; il ne sera jamais le souverain de l'Espagne; il sera toute sa vie seulement placé à côté d'une princesse qui peut avoir en effet des chances à être elle-même la souveraine de son pays, et, si cela se réalisait, le prince ne sera au fond rien dans l'État; il n'aura constitutionnellement et légalement aucune action sur le gouvernement d'Espagne, dont la responsabilité, comme la gloire, resteront toujours à sa femme. Ostensiblement, il ne doit pas seulement lui obéir, mais aussi il a la perspective de n'être un jour, aux yeux du monde, que le premier sujet de son fils. Dans cette position anormale, ce prince ne serait-il pas tenté de ne pas vouer beaucoup d'affection à sa nouvelle patrie, et de ne pas s'identifier avec elle, si sa femme ne lui accorde cette action occulte, cachée, que l'influence naturelle exercée par un mari sur la femme lui procure, que rien au monde ne peut lui retirer, mais qui n'en est pas moins illégale si elle perce au grand jour. Un prince dans une telle position s'arrachera difficilement aux souvenirs et aux influences de sa mère-patrie; et, s'il a besoin d'activité, s'il a de l'ambition, s'il est habile, quel plus puissant instrument pour étendre l'influence de sa mère-patrie, peut-on s'imaginer, si celle-ci est matériellement, intellectuellement et dans ses institutions, aussi supérieure à son nouveau pays que la France l'est à l'Espagne? Certainement la première a là toutes les chances de voir la seconde entrer peu à peu indissolublement dans son orbite, d'autant plus qu'avec quelque habileté cela se peut faire bien insensiblement, parce que tous les actes qui tendront à ce but, émaneront d'une souveraine indigène, et ne se réaliseront qu'avec toutes les formes et les précautions calculées sur l'esprit national de ce peuple.

Vous voyez qu'en acceptant même les raisonnemens qu'il fallait faire pour être logique dans l'explication que vous auriez dû donner afin de justifier vos attaques, votre définition de politique nationale et de politique dynastique est fausse ; car l'une et l'autre ne peuvent être séparées, encore moins opposées, puisqu'au contraire elles ont dû s'entreservir dans la question dont il s'agit.

Vous le voyez bien, Monsieur, tous les exemples que vous citez de l'histoire antérieure au régime constitutionnel, ne peuvent s'appliquer au cas que nous discutons, et cependant il y en a eu un seul dans ces temps antérieurs où un prince puissant lui-même, épousa une princesse qui devint et resta la souveraine de son pays, et c'est cet exemple bien connu qui aurait dû se présenter à votre esprit, lorsque vous examiniez les conséquences probables de telles alliances ; car son souvenir réagit encore aujourd'hui sur la politique adoptée à cet égard par nos puissans voisins ; sur ceux-là mêmes qui sont nos devanciers et nos maîtres dans l'application du régime constitutionnel, je veux parler du mariage de Philippe II d'Espagne avec la reine Marie d'Angleterre. Eh bien ! Monsieur, Philippe n'était rien non plus en Angleterre, il n'y a même mis le pied qu'une seule fois dans sa vie ; il traitait sa royale épouse avec une outrageante froideur ; mais Marie l'aima, elle, et on connaît les désastreuses guerres dans lesquelles cette passion, mal placée, entraîna l'Angleterre au profit des intérêts espagnols, et on sait que le surnom de *sanguinaire* est échu à cette reine, parce qu'elle imitait les cruautés et les persécutions religieuses de son mari.

Or, Monsieur, ce sont ces souvenirs qui décident les Anglais depuis ce temps à ne choisir les époux de leurs souveraines que dans ces petites dynasties, qui n'ont de la souveraineté que le nom, ou plutôt qui ne peuvent jamais avoir une politique à elles ; et ils font cela, quoique chez eux le gouvernement parlementaire soit si fermement établi, qu'il ne reste à la royauté presque aucune action dans le gouvernement.

A qui maintenant voulez-vous faire croire qu'un prince français, éclairé, habile, qui peut conduire un jour sur le trône de cette Espagne, qui en est encore aux rudimens du régime constitutionnel, la princesse son épouse qui aura bercé dans un berceau français le futur roi ou la future reine d'Espagne, à qui ferez-vous croire qu'un tel prince ne puisse pas exercer en Espagne une influence conforme aux intérêts de la France.

Eh bien, Monsieur, la possibilité seule d'un tel avenir me paraît valoir la peine, non seulement d'avoir suivi cette inspiration soudaine à laquelle le réveil de la politique endormie, dont vous parlez dans bien des endroits cités de votre discours, s'est élevée, mais même d'avoir été l'objet de cette action lente, lourde, patiente, de seize ans, que vous indiquez dans le passage *opposé au premier.*

C'est de cette combinaison principale que l'Angleterre s'émeut tant, car elle est mille fois plus dangereuse pour son influence non seulement en Espagne, où elle n'a pas encore beaucoup d'intérêts matériels engagés, mais encore en Portugal où elle en a tant, que si la réunion des deux couronnes, à laquelle la France offre même de renoncer, était en perspective.

Le radicalisme français, quel que soit le blâme que l'on verse sur sa conduite, de son point de vue qu'il appelle exclusivement national, reste dans son rôle, s'il soupçonne, que le prince est destiné à introduire en Espagne le système qu'il combat ici, et à le faire réagir de là sur la France; et cette attitude même est la plus éclatante réfutation de ce que vous dites de la prétendue insignifiance de l'acte accompli à Madrid; et c'est encore avec autant de tort que vous attaquez le *Siècle* qui, au nom de l'opposition dynastique, a accepté avec reconnaissance le résultat obtenu, et s'est offert même de soutenir le gouvernement pour assurer à jamais ce résultat, sachant parfaitement bien que les systèmes et les ministres passent, et qu'un cabinet qui lui serait plus agréable, peut récolter à son tour une ample moisson d'avantages de la semence jetée par la politique actuelle sur le sol de l'Espagne; et il n'a fait de réserves que pour le cas où l'on n'aurait pas la force de soutenir ce que l'on a fait, et où on se laisserait aller à de honteuses concessions.

Maintenant j'arrive au passage le plus étonnant de votre prétendu magnifique manifeste ; ceux de mes lecteurs qui ne l'auront pas vu, pourront croire vraiment que je leur en impose en disant ce qui s'y trouve en effet. Ainsi, à peine avez-vous contesté, avec une docte érudition historique dont je viens de montrer la portée, toute valeur politique aux pactes matrimoniaux des rois, vous venez faire un sanglant reproche à la politique française, de n'avoir pas fait épouser la fille de la monarchie espagnole à un prince napolitain ; car, dites-vous, on aurait par là renforcé l'Italie en Espagne, disposé Naples à soutenir l'influence française en Italie, en la soustrayant à la domination tyrannique de l'Autriche. Mais, Monsieur, pensez-vous réellement à ce que vous dites, quand vous émettez de pareilles idées? Ainsi, chose monstrueuse, une parenté française établie en Espagne, pays limitrophe, jouissant d'institutions semblables, ne procurera, selon votre théorie générale, aucun avantage au pays ; mais, dans l'explication particulière de la même théorie, une parenté napolitaine, émanant d'un gouvernement absolu, assise en Espagne, ne réagirait pas seulement sur le royaume des Deux-Siciles, à travers la mer, mais même de Naples, sur Paris, à travers la même mer et en passant par Madrid ; et, dans ce dernier cas, elle agirait encore si puissamment sur cette Italie et sur Naples même, que le roi de ce pays n'aurait plus à se soucier ni des armées, ni des vaisseaux de l'Autriche, son presque immédiat et puissant voisin! Je vous le demande très sérieusement, Monsieur, prenez-vous donc vos lecteurs pour des idiots ou pour des enfans? le mépris avec lequel vous traitez leur intelligence, s'il est vrai que la vôtre ne vous fasse pas défaut, est d'autant plus offensant pour eux, que votre écriture illisible, dont mes lecteurs ont un spécimen devant les yeux, doit nécessairement forcer le rédacteur du journal de Mâcon de vous soumettre les épreuves de vos élucubrations politiques, qu'ainsi vous devez avoir occasion de relire dans leur ensemble.

Mais ce n'est pas encore assez ; par ce même passage que je viens de critiquer, vous faites de nouveau preuve, j'oserais presque dire, d'une insigne mauvaise foi, ou d'un manque de mémoire bien surprenant dans un homme qui a la prétention exagérée de diriger les affaires publiques de son pays. Vous feignez d'oublier le reproche le plus amer que l'opposition n'a cessé d'adresser pendant bien long-temps au gouvernement ; celui d'avoir, avec une extrême opiniâtreté, voulu imposer à l'Espagne la candidature du comte de Trapani, prince napolitain, et de n'y avoir renoncé qu'après s'être convaincu de l'invincible répugnance que tous les Espagnols ressentent pour cette famille. L'avez-vous oublié, en effet?... dites-le.

J'ai encore un autre oubli aussi surprenant à relever, mais celui-là est moins sérieux, il a même quelque chose qui dispose à rire : Vous prétendez que l'Autriche n'a pas de fils à marier ; mais où vivez-vous donc, Monsieur ? le plus simple bourgeois de Paris, qui lit tous les jours son journal, se serait souvenu du grand bruit que faisait en Europe, l'année passée, le projet de mariage entre la grande-duchesse Olga et l'archiduc Étienne, gouverneur de la Bohême. La princesse a trouvé un mari ; mais l'archiduc est toujours à votre disposition, Monsieur, si vous daignez le placer *sur vos tablettes*, sans parler de ce grand nombre d'archiducs, neveux de l'empereur, que vous auriez découverts si vous aviez seulement voulu jeter les yeux sur l'almanach de Gotha.

Enfin, quel nom voulez-vous que je donne à ces autres passages que je veux encore mentionner et que j'avais spécialement en vue quand je disais au commencement de ma critique que, dans vos écrits, vous donniez continuellement des soufflets à vos propres antécédens, et à votre propre conduite. Vous osez, vous, reprocher au gouvernement, ce que vous appelez le honteux abandon de la France en Orient pendant les années de 1839 et 1840. En 1839, vous étiez déjà dans le parlement, et vous vous trouviez en présence du cabinet du 12 mai, présidé par le maréchal Soult; vous deviez donc savoir, avec tout le monde, que ce cabinet a poussé l'audace jusqu'à proposer à l'Angleterre de forcer, avec les deux flottes, le passage des Dardanelles, et qu'il a si peu trahi ce que l'on regardait alors comme l'intérêt français, qu'il repoussa à son tour la proposition de lord Palmerston d'aller à Alexandrie reprendre la flotte turque retenue par le pacha; qu'enfin ce cabinet fonda ce qu'on appelait *la politique égyptienne*, et prit envers l'Angleterre une attitude si ferme, que la Russie, instruite de ces dissidences, envoya M. Brunow à Londres : envoi qui amena plus tard le traité de 1840.

Depuis le mois de mars, vous vous trouviez en présence du cabinet de M. Thiers, et c'est vous, Monsieur, vous-même, ceci peut bien ne pas être très moral avec l'attitude que vous prenez aujourd'hui, c'est vous qui lanciez alors, dans votre journal de Mâcon, vos manifestes contre *les étourderies téméraires* de ce cabinet, en excitant contre lui les cent cinquante conservateurs dont l'attitude opiniâtre contribua principalement à l'affaiblir, de manière qu'il dut quitter la partie, parce qu'il n'était pas assez fort dans le parlement pour pouvoir imposer l'acceptation de ses projets. Depuis le 29 octobre 1840, ce que vous appelez le honteux abandon fut accompli ; vous disputiez pendant deux années, à M. Guizot lui-même, la place de chef de ces conservateurs qui soutenaient sa politique, et vous ameutiez même, encore une fois, cent cinquante d'entre eux contre les fortifications de Paris, adoptées par M. Guizot lui-même, et destinées à dégager, pour l'avenir, la France de la crainte d'une invasion continentale, et à lui rendre la libre disposition de ses armées, circonstance qui a pu être pour beaucoup dans la tentative faite aujourd'hui à Madrid.

Vous ne quittiez ces conservateurs, pour vous jeter dans l'opposition, que lorsque vous ne pouviez plus douter qu'ils ne voudraient jamais de vous pour président de la chambre. Plus loin, vous reprochez à la politique française de n'avoir pas voulu, en 1836, l'intervention en Espagne, proposée alors par l'Angleterre, en oubliant que par là encore vous rendez un éclatant hommage à la conduite de M. Thiers, que ce refus fit abandonner la première présidence du conseil, à laquelle il était parvenu après quatre années de carrière politique.

Je sais fort bien que M. Thiers est devenu le principal point de mire de vos animosités, depuis le moment où, dans la vivacité de la discussion à la tribune, il lui échappa ce mot malencontreux de *quantité*, ne s'apercevant pas qu'un si grand homme d'Etat que vous se trouvait alors confondu dans le pêle-mêle de cette majorité qu'il osa qualifier de cette épithète.

Je m'arrête ici, croyant avoir surabondamment prouvé que votre dernier *célèbre manifeste* fourmille, même à un plus haut degré que tous ses antérieurs, de vos pitoyables infirmités, quand vous vous affublez du rôle d'homme ou d'écrivain politique que vous ambitionnez. C'est là tout ce que j'ai voulu. Quant à l'affaire des mariages eux-mêmes, je n'ai pas la prétention de dire aux hommes politiques et au public mon avis incompétent sur cette affaire. Je n'ai voulu examiner moi-même ni le mérite du procédé, ni l'exactitude du calcul qui doit conduire à la réussite des plans qui les ont provoqués ; car, jusqu'à présent, il n'y a que le premier acte du drame accompli, ou même le prologue. Les événemens eux-mêmes nous prouveront si l'on persistera à maintenir au prince et au pays les chances qu'on leur a ouvertes, et si l'on y parviendra. Mais contester ces chances elles-mêmes dans un esprit mesquin d'opposition *intéressée*, serait de l'aveuglement ou de la mauvaise foi, alternative à laquelle vous ne pouvez échapper.

Je n'ai cependant pas entièrement terminé votre portrait comme homme politique ; il me reste encore à dire comment, même à la tribune, vous avez trouvé occasion de compromettre la dignité de notre pays, et fait révoquer en doute ce sentiment d'exquise délicatesse pour lequel nous sommes si justement renommés en Europe.

On se rappelle toujours avec douleur ce que vous fîtes lorsque lord Palmerston vint la dernière fois à Paris. Tous les hommes sensés étaient enchantés de la manière convenable dont, dans toutes les diverses régions de notre société, on se comportait vis-à-vis de cet illustre étranger ; partout on se montra sensible à la démarche par laquelle le noble lord manifesta le désir d'effacer les souvenirs de 1840 ; mais on ne lui montra ni trop d'empressement, ni trop de froideur, et on se gardait bien surtout de faire entrevoir à celui qui était venu se fier à notre hospitalité, que quelque chose des anciennes rancunes était resté dans nos cœurs ; mais vous, Monsieur, désirant vous faire remarquer, en toute occasion, par un rôle à part, pour prouver que vous voulez, en tout et sur tout, conserver votre liberté d'action, vous mîtes tout de côté ce sentiment de convenance ; saisissant avec empressement l'occasion où le noble lord était présent à la chambre, vous montâtes à la tribune, et en parlant de notre marine, vous vous écriâtes subitement, avec une allusion par trop transparente : « Prenez garde, Messieurs, l'Angleterre vous regarde, » montrant ainsi en quelque sorte du doigt, à tous les yeux, l'illustre hôte, comme un ennemi du pays venu exprès pour épier nos faiblesses.

Savez-vous ce qu'on disait alors partout, dans les salons diplomatiques comme dans ceux de la haute société? « C'est la seule sottise que Paris a commise pendant la visite de lord Palmerston. »

Je saisirai avec empressement, Monsieur, la première occasion que vous me donnerez de faire votre éloge; sans doute il s'en présentera, car j'ai l'intention de vous suivre dans tout ce que vous ferez, jusqu'à ce que nous nous rencontrions pour l'*Emancipation orientale*.

En attendant, j'ai l'honneur d'être avec la plus haute considération,

Monsieur,

Votre très humble et très obéissant serviteur,

Dr BARRACHIN.

Ce 15 novembre 1846.

Imp. Ed. Proux et Ce, rue Neuve-des-Bons-Enfans. 3

www.ingramcontent.com/pod-product-compliance
Lightning Source LLC
LaVergne TN
LVHW050616090426
835512LV00008B/1525